Tempo esquisito

Maria Rita Kehl

Tempo esquisito

© Boitempo, 2023
© Maria Rita Kehl, 2023

Direção geral Ivana Jinkings
Edição Tiago Ferro
Coordenação de produção Livia Campos
Assistência editorial Allanis Ferreira
Revisão Ana Cecilia Agua de Melo
Diagramação Mika Matsuzake
Capa Antonio Kehl
sobre foto de Maria Rita Kehl

Equipe de apoio: Ana Slade, Davi Oliveira, Elaine Ramos, Erica Imolene, Frank de Oliveira, Frederico Indiani, Glaucia Britto, Higor Alves, Isabella Meucci, Ivam Oliveira, Kim Doria, Luciana Capelli, Marina Valeriano, Marissol Robles, Maurício Barbosa, Pedro Davoglio, Raí Alves, Thais Rimkus, Tulio Candiotto, Victória Lobo, Victória Okubo

CIP-BRASIL. CATALOGAÇÃO NA PUBLICAÇÃO
SINDICATO NACIONAL DOS EDITORES DE LIVROS, RJ

K35t

Kehl, Maria Rita, 1951-
  Tempo esquisito / Maria Rita Kehl. - 1. ed. - São Paulo : Boitempo, 2023.

  ISBN 978-65-5717-240-7

  1. Ensaios brasileiros. I. Título.

23-84086
CDD: 869.4
CDU: 82-4(81)

Meri Gleice Rodrigues de Souza - Bibliotecária CRB-7/6439

Este livro compõe a trigésima primeira
caixa do clube Armas da crítica.

É vedada a reprodução de qualquer
parte deste livro sem a expressa autorização da editora.

1ª edição: junho de 2023

BOITEMPO
Jinkings Editores Associados Ltda.
Rua Pereira Leite, 373
05442-000 São Paulo SP
Tel.: (11) 3875-7250 / 3875-7285
editor@boitempoeditorial.com.br
boitempoeditorial.com.br | blogdaboitempo.com.br
facebook.com/boitempo | twitter.com/editoraboitempo
youtube.com/tvboitempo | instagram.com/boitempo

Sumário

Prólogo	7
Sobre os ensaios	17
Quer saber?	19
Lugar de: "Cale-se"!	21
Naturalizamos o horror?	29
Isolamento e pornografia	35
Isolados e ansiosos	43
Você tem medo de quê?	47
Pode piorar	49
Pronto, falei	53
Não somos só isso – livros, filmes, teatro, canções e outros textos	57
Falcões de asas quebradas	59
Capitalismo versus... o quê?	63
Resiliência	67
Mães coragem	71
A crueldade aumenta	75
O vírus mais contagiante	77
Somos todos refugiados afegãos	83
Paulo Freire, "comunista" odiado pelo bolsonarismo	87

Hipocrisia	91
O grande Boal	95
Não somos só isso	97
Viver juntos	101
Duas Sinhás	109
Bacurau, Aquarius e *O som ao redor*	117
Chico saturado	121
Sou besta?	127
Um lugar muito familiar	131
Poderia ter sido aqui	135
Dois Benjamins	139
Pra não dizer que não falei de psicanálise	149
Em defesa da família tentacular	151
Sonhar com o quê?	165
A necessidade da neurose obsessiva	169
Blefe!	179
Viva os pais adotivos!	185

Prólogo

A maldade se banalizou

Assim como muitos brasileiros — não todos, só aqueles que puderam se permitir esse luxo — fiquei razoavelmente isolada durante a quarentena provocada pela covid-19. Menos do que deveria, mais do que gostaria. Também, como muitos brasileiros, me adaptei ao novo estado das coisas. Para isso, foi preciso reinventar a vida. Todos os dias. Mas a imaginação não impede que, muitas vezes, nos deparemos com o tédio. Ou com seu primo pobre, o popular mau humor.

Estes ensaios são filhos do tédio com a imaginação. O período de sua produção coincide com o do isolamento. Alguns já foram publicados. Acrescentei outros, mais antigos, que não chegaram a ser publicados ou que tiveram poucos leitores. O objetivo é "fazer lombada". Um livro não pode ser tão fino que seu "perfil" desapareça nas prateleiras da livraria. (O leitor que adivinhar quais textos entraram para dar volume ao livro ganhará como recompensa... outro livro.)

Enquanto escrevia a maioria destes ensaios o país perdeu, por irresponsabilidade e descaso do governo federal, mais de 650 mil de seus habitantes. Esse número genérico encobre muitas nuances: terão sido 200 mil moradores de rua? 5 mil negacionistas? 70 mil homens e mulheres contaminados nos hospitais onde se internaram para tratar doenças curáveis? Quantas crianças? Qual a proporção relativa de mortes entre negros e brancos? Quantos indígenas se contaminaram e não resistiram à "gripezinha" que os indivíduos de *raças superiores*, como o ex-presidente julga a si mesmo, sua prole e seus fãs, tiraram de letra? E quantos não foram abatidos justamente por não acreditar no isolamento, nas máscaras e na vacina, tal como alardeava o presidente *deles*? (Não escrevi, propositalmente, "nosso" presidente. Sabemos, a partir de seu próprio testemunho, quem ele incluiu e excluiu de seus projetos de governo.)

Atemorizados pelo risco de contágio, não tínhamos o recurso das ruas para expressar nossa revolta. A pobreza aumentou, a miséria se alastrou. As calçadas das cidades brasileiras viraram dormitórios a céu aberto. O país entristecia um pouco mais a cada dia. Diante de tanta tristeza, escrever foi uma forma de ocupar o espaço do debate público sem romper o isolamento físico. Uma forma de estar com os outros.

Os ensaios que aqui se apresentam formariam, se emendados, um texto em forma de *cadavre exquis*[1], desses com que os surrealistas gostavam de brincar. Foram escritos a partir de demandas diferentes. Alguns foram encomendados, como no caso do ensaio "Pornografia", escrito para a revista online do Instituto Moreira Salles.

Talvez o mais controverso entre os textos seja "Lugar de 'cale-se!'", escrito a propósito do "cancelamento" da historiadora e antropóloga Lilia Schwarcz por parte do Movimento Negro Unificado — o qual respeito muito — por causa de suas críticas à roupa usada pela cantora Beyoncé no álbum visual *Black is King*. Teria essa mulher branca, de classe média-alta, com ascendência judaica, um "lugar de fala" que a autorizasse a comentar a escolha estética de uma descendente de africanos? Defendo que sim, independentemente de concordar ou não com a opinião dela. Defendo, aliás, que todos tenhamos o direito a meter o bedelho em assuntos alheios, desde que o façamos com respeito e que o evento em questão não seja do âmbito privado. Um vestido que uma cantora usa num show é um objeto exposto ao público, sujeito a elogios e críticas, tanto quanto sua voz e o repertório da apresentação.

---

[1] Consiste em um jogo em que uma pessoa começa um desenho numa folha de papel — por exemplo, a cabeça de um homem —, dobra a parte desenhada e entrega o papel para uma outra continuar. Esta não vê o que já está desenhado. Suponha-se, assim, que a segunda pessoa desenhe um tronco de árvore. Novamente o papel é dobrado e entregue a um terceiro participante, que desenha um casco de tartaruga, digamos, e assim por diante. O "esboço de cadáver" é desenho estapafúrdio revelado ao se desfazer as dobras e estender o papel com a figura inteira.

Com isto, bem sei, também me coloco sujeita a cancelamentos. É uma pena. O cancelamento é a antítese da disposição ao debate. Nesse sentido — *apenas nesse sentido* — a cultura do cancelamento reforça a intolerância e a incompetência de dialogar, própria dos bolsonaristas.

Sob Bolsonaro, a sociedade brasileira adoeceu. E não só de covid: de brutalidade também. Tenho a esperança de que a cultura do cancelamento não venha a se tornar mais um afluente a levar água para o rio de intolerância que se avolumou em tempos bolsonaristas. São dois rios diferentes, o da violência e o da intransigência do politicamente correto, quando levada ao extremo. Mas sempre existe o risco de que, em meio a grandes tempestades sociais, os dois rios se encontrem.

Sobre a banalidade do mal

O leitor terá entendido que, ao afirmar que a maldade se banalizou, não emprego a ideia no sentido atribuído por Hannah Arendt à expressão *banalidade do mal*. Esta foi criada pela autora para qualificar o argumento do nazista Eichmann[2], ao ser julgado pelos crimes que praticou contra os judeus: estaria apenas "cumprindo ordens". Com isso, o algoz procurou eximir-se da responsabilidade pelas incontáveis vítimas que enviara à morte. Segundo Arendt, que assistiu ao julgamento de Eichmann após o fim da Segunda Guerra, a *banalidade do mal* seria a falta de implicação moral de alguém que não opõe resistência ante os crimes que lhe ordenam cometer. Obedecer a ordens criminosas ou perversas com a consciência limpa: eis a banalização do mal.

Mas é evidente que, para obter tal "leveza" dos carrascos em relação às pessoas que encaminhavam à morte, uma forte estrutura burocrática precisou ser montada, além de uma consistente rede de escusas ideológicas ter sido ativada: "Era a *Realpolitik* sem tons maquiavélicos, e seus perigos vieram à luz depois, quando eclodiu a guerra, quando esses contatos diários entre as organizações judaicas e a burocracia nazista tornaram tão fácil para os funcionários judeus atravessar o abismo entre ajudar os judeus a escapar ou ajudar os nazistas a deportá-los"[3].

---

[2] Hannah Arendt, *Eichmann em Jerusalém* (trad. José Rubens Siqueira, São Paulo, Companhia das Letras, 1999 [1963]).

[3] Ibidem, p. 21.

Sim, a burocracia. Ela cria uma tal rede de pequenas atividades — assinar papéis, carimbar selos, consultar superiores, catalogar acusações... — entre a captura de um judeu inocente e sua execução, que nenhum dos sujeitos envolvidos a cada etapa sente-se responsável pelo crime que ajudou a ser cometido. Como pode um funcionário, ainda que também judeu, não cumprir uma ordem ou executar um protocolo? Como pode um guarda não abrir a porta da cela para enfiar ali seu prisioneiro, culpado ou inocente, e como poderia não trancafiar o sujeito depois? Como pode um carrasco não continuar torturando um homem amarrado e pendurado de ponta-cabeça, depois de ter lhe dado *apenas* alguns choques elétricos para que ele denunciasse seus companheiros? Que culpa lhe poderia ser atribuída se, por azar ou fraqueza, o sujeito morresse?

Acontece que sim, o funcionário e o carrasco sempre tiveram a escolha de não trancafiar um inocente, de não torturar um semelhante. Ou de deixar os empregos que os obrigavam a isso. Cumprir ordens pode ser apenas um pretexto para exercer a própria maldade, travestida de obediência e covardia. Atos assim caracterizam a *banalidade do mal*, conceito tão mal compreendido até por alguns leitores de Arendt.

Ciente de ter desvirtuado a expressão em relação ao contexto em que fora criada, insisto em resgatá-la aqui para qualificar, com outro sentido, a leviandade com que muitas pessoas se sentem autorizadas a praticar ruindades contra indivíduos vulneráveis. Ou a indiferença com que se eximem de qualquer gesto de solidariedade em relação à multidão de miseráveis que aumenta a cada dia nas cidades do país. Os tais... "vagabundos"? Este, aliás, também um qualificativo utilizado pelo ex-presidente para se referir a qualquer um que o critique.

O imperativo categórico do *supereu*

A lei que rege, desde o inconsciente, as vias pelas quais se expressa a maldade é a mesma que rege a moral corriqueira e benévola do nosso dia a dia. Ao regular aquilo que não devemos e não *podemos* fazer, essa mesma lei estipula que se você pode fazer algo, você *deve*. Assim Lacan resume o imperativo categórico do *supereu*. Em certos casos, isso vale para atos de bondade e caridade. Em outros, autoriza a barbárie. Não se prive de um gozo que está a seu alcance, por mais escandalosos que sejam seus caminhos. Não perca essa oportunidade de gozar mais! Para Lacan, a mesma lei que diz "Não goze" (por exemplo, de seus impulsos sádicos) exige: "Goze!". O próprio *supereu* a impõe, pois não vigia apenas nossa retidão moral: vigia também as vicissitudes do narcisismo. Se você pode gozar de algo, não recue.

Por exemplo: a polícia brasileira tem, desde a ditadura, licença para matar. Assim... *se ele* (policial) *pode* (matar), *ele deve*. Como haveria de se privar desse dever que, ainda por cima, oferece um adicional de gozo? Eleito um presidente que se regia por esse mesmo imperativo, os casos de gozos sádicos passaram a se multiplicar na sociedade brasileira.

A quarentena, imprescindível para conter o avanço das contaminações pela covid-19, favoreceu a desastrosa diminuição da empatia com as vítimas da desigualdade — esta que também se alastrou como uma epidemia. Verdadeiros acampamentos se estenderam pelas calçadas, longe dos olhos da maioria. Pois na medida em que fomos obrigados a nos acomodar dentro de casa (em famílias em que isso era possível) diminuímos nossa participação, tanto física quanto simbólica, na esfera pública. Muitos de nós lutaram para não se acomodar. Criamos espaços virtuais de debates, fizemos circular abaixo-assinados de protesto, contribuímos com algum dinheiro para instituições de proteção aos vulneráveis. Mas nada substitui a vida nas ruas. Nenhum abaixo-assinado substitui a participação em manifestações de cunho político, que naquele momento se tornaram perigosas por concentrar milhares de pessoas[4]. A atuação na esfera pública, ainda tendo como referência o pensamento de Hannah Arendt, é um componente fundamental da condição humana.

No caso do Brasil de 2019-2022, a maldade se banalizou até se tornar um evento entre outros: afinal, por que tanto *mimimi* ante o crescimento exponencial da violência e da criminalidade[5], a partir de 2019? Por que incomodaríamos o ex-mandatário da nação exigindo providências contra o alastramento da

---

[4] Depois que terminei a organização deste livro, as manifestações de rua foram retomadas. Pena que, nos primeiros meses de abertura, a direita negacionista conseguiu reunir um número maior de pessoas que a esquerda, que, temerosa, ainda se prevenia contra a propagação do vírus.

[5] Por que diferencio violência de maldade? Penso que a violência pode se manifestar, muitas vezes, em atos impensados, como o do homem armado que atira em outro numa briga de trânsito. Seu gesto é violento e deve ser criminalizado (daí que não se admite o suposto atenuante de ter agido "sob intensa emoção"). Mas não há nesse crime, necessariamente, a *marca da maldade*. A maldade expressa-se por diferentes meios. Zombar da deficiência física de alguém é maldade. Humilhar um funcionário diante

pandemia? Ou exigindo que ele, em vez de repetir seus discursos debochados, respeitasse a dor das famílias? "Qual o problema? Mais dia, menos dia, todo mundo vai morrer mesmo...!"

A indiferença, o descaso, são formas abjetas da maldade, que se tornaram mais graves quando se manifestaram frente às centenas de milhares de vidas perdidas em função da irresponsabilidade de quem deveria governar o país. Já se observou que o ex-presidente é incapaz de empatia com a dor alheia (com a óbvia exceção da sua imensa dedicação aos filhos). Pior que isso: há crimes ante os quais a família do ex-presidente se empolga. É o caso do assassinato da vereadora carioca Marielle Franco — negra, lésbica, de esquerda. Ou, ainda, o caso da resposta padrão dada pelo ex-presidente da República ao ser interpelado sobre o morticínio por covid que poderia ter sido evitado: "E daí? Não sou coveiro, pô!". Ainda mais sinistra foi a imitação debochada feita por ele de pessoas morrendo por falta de ar. Mais que banalizada, a maldade aqui tornava-se debochada.

"Não acredito em pessoas, acredito em dispositivos", teria dito Jacques Lacan a seus alunos. De fato, são os dispositivos — civilizatórios, legais, morais, religiosos — que, entretecidos, formam alguma *borda* capaz de conter os excessos de ira ou de gozo que podem acometer indivíduos e grupos sociais. Se tais dispositivos presentes na cultura são *esculachados* — escolho a palavra pesada que tem contaminado o debate público, mesmo que não a tenha utilizado até hoje — o laço social se fragiliza. E a maldade — essa "fera que hiberna precariamente"[6] em todos nós — ganha terreno.

É espantoso constatar como é fácil degradar o tecido social — tão recosturado e remendado ao longo de episódios luminosos e sombrios da história de qualquer país. Cada "E daí?" diante da dor do outro, da destruição das coisas belas, das ofensas à Constituição esgarçou um pouco mais o laço que nos une na forma de sociedade democrática (com todos os defeitos e contradições que ela contém). O mal se banaliza quando, pela repetição, nos dessensibilizamos. Banaliza-se quando nos acostumamos com ele. Quando, desesperançados, deixamos de lutar.

Encerrado o mandato de Bolsonaro, nós, brasileiros, talvez consigamos colar os caquinhos de cada dispositivo democrático, de todos os impulsos de solida-

---

de seus colegas é maldade. Dizer "e daí?" diante de milhares de mortes e da dor dos enlutados é maldade.

[6] Referência a verso da poeta carioca Ana Cristina Cesar (1951-1992).

riedade desprezados, de nosso quinhão de piedade e de empatia, desconstruídos ou destruídos a partir de 2019.

Algumas maldades "banais"

Segundo reportagem na *Folha de S.Paulo*, em 2022 o "trote" aplicado aos calouros causou queimaduras graves entre alunos da Universidade Federal do Paraná. Depois do tradicional "mico" de pedir esmolas nos faróis, os alunos foram encurralados pelos veteranos em um terreno baldio e, ajoelhados, receberam pelo corpo jatos de um líquido que produziu lesões graves. Por que os veteranos submeteram os calouros a um trote tão atroz? Simples: porque podiam. O clima violento se instaurou no país. *Se todos fazem… por que nós não faríamos?*

Mas tal violência gratuita ainda parece inocente diante da matança empreendida pela Polícia Militar do Rio de Janeiro na favela do Jacarezinho, em que 28 moradores foram assassinados a esmo sob alegação policial de "legítima defesa". Escrevi uma curta crônica sobre essa chacina para o site *A Terra é Redonda*, reproduzida neste livro. Ainda sobre a violência sempre impune das PMs[7], em 23 de novembro de 2021, reportagem da *Folha* revelou que a polícia mata muito mais "por vingança" do que, como protocolarmente alegado, em legítima defesa.

Escrevi também sobre o linchamento de Moïse, o jovem negro assassinado por asfixia na Barra da Tijuca, Rio de Janeiro, à luz do dia e diante da passividade dos banhistas. Seu crime: cobrar o salário do dono do quiosque onde trabalhava.

O ano de 2022 não fica atrás de 2021 no quesito violência policial. Emblemática desse momento em que a maldade se banalizou foi a morte, no camburão da polícia, do jovem Genivaldo dos Santos, abordado a pretexto de que circulava em sua moto sem capacete — exatamente da forma como costumava se exibir o irresponsável ex-mandatário da nação. Genivaldo foi jogado na caçamba do camburão. Antes de trancar a porta, os policiais lançaram ali dentro uma bomba de gás lacrimogêneo. As súplicas e os gritos de "vou morrer" não sensibilizaram os supostos defensores da lei e da ordem, e Genivaldo foi assassinado por asfixia.

---

[7] A desmilitarização das polícias foi uma das recomendações entregues à presidente Dilma Rousseff, em dezembro de 2014, no relatório da Comissão Nacional da Verdade.

A maldade veio de "agentes da ordem" que deveriam proteger a vida (mesmo a de alguém que, eventualmente, tivesse cometido um crime)[8].

De 2021 para 2022, os estupros de pessoas LGBT+ aumentaram 88%. Quase dobraram, portanto. O pior do machismo ficou à vontade para se manifestar em atos violentos. E não só contra gays, trans etc. Mais de 30 mil meninas foram violentadas em 2021, anuncia, na mesma página, reportagem da *Folha de S.Paulo*[9]. Grande parte delas, por parentes.

No dia 10 de julho de 2022, em Foz do Iguaçu, o bolsonarista Jorge José da Rocha Guaranho invadiu a festa de aniversário de Marcelo Arruda, que havia decorado o salão com a cor vermelha e estrelas do PT. Guaranho atirou no aniversariante. Antes de morrer, Arruda reagiu, de modo que o agressor foi vitimado também. Só que a primeira morte se chama assassinato e a segunda, legítima defesa. Por que o aniversariante foi morto? O assassino anunciou, antes de atirar: "Aqui é Bolsonaro, porra!". Não poderia ter explicado melhor a relação entre a violência estimulada pelo ex-presidente e essa que aumenta, exponencialmente, na sociedade brasileira. Meses depois[10], em Mato Grosso, um apoiador de Bolsonaro assassinou um apoiador de Lula. Não por coincidência, foi nesse mesmo dia 9 de setembro que o ex-presidente prometeu a seu eleitorado "extirpar os opositores".

"Intolerância" me parece um termo fraco demais para designar as razões desses assassinatos.

Ao que tudo indica, trata-se de generalização de uma modalidade de gozo perverso: o gozo com o sofrimento — eventualmente, a morte — alheio. A impunidade de tais crimes convida outras pessoas com inclinações violentas a repeti-los. Lacan entendeu que o funcionamento do chamado *supereu*, a instância moral que de certa forma regula nosso comportamento, opera em duas direções antagônicas: ao mesmo tempo que diz "Não goze!" (em relação àquilo que está interditado, tanto pela lei quanto pelas normas sociais), exige: "Goze!". A mesma instância que reprime excessos e maldades também pede que nos autorizemos a praticar tais excessos e maldades. Ela também zela por nossa imagem diante de nós mesmos: se ficar à sua mercê, o sujeito é capturado por essa dupla injunção. É

---

[8] Os assassinos de Genivaldo irão a julgamento — o que, por si só, não garante nada, mas acende alguma fagulha de esperança na Justiça.

[9] As duas notícias estão na página B2 da *Folha de S.Paulo* de 29 de junho de 2022.

[10] No dia 9 de setembro de 2022.

preciso se abster de certos excessos para estar de acordo com os ideais que a sociedade propõe, mas... justamente porque o sujeito se considera tão superior aos outros, o *supereu* o autoriza a cometer os tais excessos e maldades. "Se você pode, você deve" — o tal imperativo do gozo que nos faz flertar com a violência e com as transgressões.

Esse paradoxo intersubjetivo se agrava — e tende ao pior — quando os discursos que "formatam" e fazem borda aos excessos que ameaçam o laço social deslizam para o lado do incentivo à violência e ao desrespeito à dignidade alheia. Essa é a situação do Brasil — onde os que debocham da Lei[11] têm mais chance de sair impunes do que aqueles que agem de acordo com ela. Eis um resumo da banalização da maldade no Brasil sob Bolsonaro. Em entrevista para a *Folha de S.Paulo*[12], o economista Gustavo Franco ponderou que, depois de um momento em que ele próprio se referiu à maldade como sinônimo de ironia, sentiu necessidade de elaborar melhor o tema, "já que tem muita maldade — maldade mesmo — na atmosfera". Seu parceiro de entrevista, Fábio Giambiagi, acrescentou: "Tem muita gente com arma. Estamos falando da maldade em estado puro"[13].

Noto que, na fase bolsonarista, a maldade, no Brasil, deixou de causar escândalo. Talvez para suportar o mal-estar de tantas violências e injustiças, aquela parcela da sociedade que raramente é vítima delas banalizou as ocorrências. "O Brasil é assim mesmo! Bom seria viver em Paris..."

Sorte a nossa termos nascido entre as classes mais poupadas; podemos sofrer violência da parte de um assaltante, mas nunca, nunca da polícia. Eis a versão brasileira da banalidade do mal.

Cada vez que tento fechar este prólogo, surgem eventos que não posso excluir. Os indígenas do Brasil estão de volta ao noticiário político. Dessa vez, como vítimas de atividades criminosas do garimpo ilegal. Todos viram as fotos de adultos e crianças raquíticos, assolados pela fome porque a atividade do garimpo matou os peixes e envenenou os rios, elementos essenciais para sua subsistência. Após apenas oito dias de governo do presidente Lula, bolsonaristas invadiram e depredaram os prédios do Congresso, do Supremo e do Executivo. Chacina em escola de Blumenau e tanto mais...

---

[11] Utilizo Lei, com L maiúsculo, para diferenciar a instância inconsciente que regula nosso comportamento das leis inscritas no código penal de todas as sociedades.

[12] 15 de agosto de 2020.

[13] *Folha de S.Paulo* de 15 de agosto de 2022, p. 12.

Coda

Entre as recomendações do relatório final da Comissão Nacional da Verdade, do qual participei, encontra-se uma que pede a anulação do "excludente de ilicitude" para justificar assassinatos cometidos por policiais militares. A outra recomendação nesse campo foi a da *desmilitarização das polícias*, que encerraria, assim, uma das piores excrescências herdadas da ditadura militar de 1964-85. O relatório foi arquivado pelo presidente Michel Temer depois que ele próprio contribuiu para a deposição de Dilma Rousseff, responsável por conseguir junto ao Congresso a aprovação da lei que criou a CNV. As recomendações, esquecidas pelo governo que acabamos de enterrar, talvez agora possam ser retomadas.

Seja o esquecimento uma obra incompleta. Um dia esse tempo esquisito também será lembrado com saudades.

Sobre os ensaios

Este não é um livro de militância política — a não ser na medida em que alguns dos ensaios aqui apresentados tentam resgatar os *punti luminosi* que ainda fazem de nosso país um lugar viável para se viver e conviver. Os textos aqui reunidos formam uma colcha de retalhos, costurados e remendados a cada vez que a dureza do Real me levou a tentar simbolizá-lo por meio da escrita.

Espero que, através dele, eu consiga estabelecer diálogo — e como os diálogos têm sido necessários! — com você: "*hypocrite lecteur, mon semblable, mon frère!*"[1].

Decidi abrir este livro com um texto que escrevi em fevereiro de 2022, para publicá-lo agora em 2023. Pela atualidade do tema e, também, para colocar em destaque essa figura tão infeliz, tão brasileira: a vítima pobre, indefesa, considerada culpada por ter supostamente "provocado" o crime que a vitimou.

---

[1] "Leitor hipócrita, meu semelhante, meu irmão!", Charles Baudelaire, prefácio de *Mon coeur mis à nu.*

Quer saber?[1]

Não vou mentir porque todo mundo viu. Matei mesmo. E daí? O cara não valia nada. Estrangeiro querendo se dar bem aqui. Além do mais estrangeiro sei lá de que lugar na África. Nigéria, Congo, aqueles países pobres de lá. Como se o Brasil precisasse de mais gente preta. Aqui já não tá sobrando?

Esse veio pra cá faz pouco tempo, estava fodido, eu dei trabalho. Não tá bom? Aí veio reclamar de mim aqui, no meu pedaço. Todo cheio de "direitos". Caguei pros direitos dele.

Estava no meu quintal, entende? A praia é pública, mas esse quiosque aqui é meu pedaço. Eu dou trabalho pra quem pede, não discrimino ninguém, nem mesmo os negões como esse aí. Aqui podia almoçar, beber água quando quisesse. Aí fica folgado. Vem pedir salário. Eu combinei salário? Tem algum papel assinado por mim que estipula salário? Não tem, que eu não sou besta. Se assinasse contrato de salário tinha que registrar, pagar uns INSS aí e não sei mais o quê, quem é que consegue virar um empreendedor de sucesso como eu pagando esse monte de taxa e mais o salário desses vagabundos?

Se ele tivesse visão de futuro podia muito bem continuar aqui, ganhando uma gorjeta aqui, outra ali, dava até pra comprar um feijão pra alimentar o bando de filhos que ele deve ter, porque essa gente preta é danada pra fazer um bando de pretinhos. E eu com isso? Não tenho nada contra; cada um é livre

---

[1] Publicado no site *A Terra é Redonda*, 2 fev. 2022.

pra fazer quantos filhos quiser, mas não tenho obrigação de sustentar. Se der pra comprar uma raçãozinha com o que eu pago, os meninos já não morrem de fome, não tá mais que bom? E quando crescerem um pouco podem ajudar o pai, vender água de coco na praia, nem é tão pesado o isopor. Não dá pra chamar de trabalho infantil porque os moleques estão na praia, entende? Podem aproveitar pra tomar banho de mar, já que no subúrbio onde eles moram não deve ter mar, é ou não é?

Tem que ter perspectiva de futuro. Os meninos começam vendendo água de coco aqui, de repente uma madame acha um deles bonitinho e leva pra trabalhar na casa dela. O guri vai comer bem. Quem sabe até aprende a ler? Perspectiva de futuro é isso aí.

Olha esse pessoal aí de São Paulo, que achou que podia construir barraco nas encostas. Veio a chuva, levou tudo. Os caras não pensaram nisso antes? Não tinha um lugar mais seguro pra instalar o cafofo? Aposto que nem pesquisaram. Um foi lá, os outros vão atrás. Bando de gado. Se deram mal, ué. Nem Deus, que Deus me perdoe usar o nome dele, protege quem não se cuida direito. O governador tem culpa? Claro que não.

Esse cara, nem me lembro o nome dele, parecido com Moisés, mas Moisés ele não era porque Moisés era branco. Não tem preto na Bíblia. Acho que não. Esse cara quis subir depressa demais. Hoje eu tô aqui, dono do meu comércio, mas pensa que eu não ralei até chegar onde eu tô? Fui trepando do jeito que deu. E vou te contar: esse não foi o primeiro que tive que tirar da minha frente a bala. Alguns, nem precisei apagar: foi só mostrar o bagulho que o cara já saiu de fininho, se cagando todo. Só esse, e mais uns dois ou três que já esqueci, levaram chumbo. Não dá pra dizer que foi pra eles aprenderem porque morto não aprende mais nada, né, hahaha. Desculpe a falta de respeito.

Agora chega, não vou mais dar entrevista. Vocês, jornalistas, também são um bando de urubu em cima da carniça que sobra dos perrengues que a gente enfrenta. Já disse o que tinha que dizer, sai da minha aba. Queria que eu fizesse o quê? Não sou coveiro, pô.

P.S. Uma semana depois de ter escrito este texto soube pelos jornais que o dono do quiosque, interpelado pela polícia sobre o crime que cometeu, culpou a vítima: Moïse seria "um vagabundo". Em um país em que muitas vezes se alega que o culpado teria sido a própria vítima, quem sabe se esse argumento convencerá a polícia de que o crime foi cometido em legítima defesa?

Lugar de: "Cale-se"![1]

Decidi participar do debate entre setores do Movimento Negro Unificado e Lilia Schwarcz a respeito da Beyoncé, porque admiro muito tanto Lilia quanto o MNU. Lilia criticou Beyoncé porque, a seu ver, a cantora, em seu show mais recente (2020), teria "glamourizado a negritude". Bem, não vejo por que uma cantora negra não poderia glamourizar a negritude, assim como tantas cantoras e atrizes fazem com a "branquitude", ao ostentar a beleza de suas peles claras e de seus cabelos louros ou castanhos. Aliás, lembremos que na década de 1960, quando nascia o movimento negro depois do assassinato de Martin Luther King, ostentar cabelos afro quando muitos negros ainda achavam importante alisar os cabelos foi uma das maneiras de mostrar ao mundo que *black is beautiful*. A ousadia foi acompanhada pelo uso de batas com motivos tribais, adotadas por homens e mulheres nos anos 60 norte--americanos e na década de 70 no Brasil. Afinal, por que só nós, de pele clara, temos o direito de glamourizar nossos corpos? Seria o mesmo que afirmar que meninas brasileiras, de todos os tons de pele, não deveriam adotar modas e comportamentos norte-americanos ou europeus. Não há como impedir. O mundo é redondo. E gira.

Acontece que Lilia também criticou Beyoncé por recorrer a imagens estereoti-padas, criando uma "África caricata e perdida no tempo": "Duvido que os jovens se reconheçam no lado didático dessa história de retorno a um mundo encantado e glamourizado, com figurinos de vicunha e leopardo, brilhos e cristal".

---

[1] Publicado no site *A Terra é Redonda*, 10 ago. 2020.

Lilia é historiadora. Assim, podemos perdoá-la por pela exigência de didatismo em uma exibição artística, assim como com o recurso a imagens de uma África "perdida no tempo" — mesmo sendo uma crítica, digamos, careta. Uma artista, como qualquer pessoa comum, tem direito de criar sua própria imagem pública sem se preocupar com os aspectos didáticos de sua aparência. Para amenizar a crítica, a historiadora elogiou o trabalho de Beyoncé. Mas essa gentileza não foi suficiente para poupá-la das reações de membros do MNU, por ter se intrometido onde não fora chamada. A cantora Iza questionou: "Que privilégio é esse que te faz pensar que você tenha alguma autoridade para ensinar a uma mulher negra [...] como falar sobre seu povo?". Ícaro Silva foi mais agressivo. Para ele, Lilia seria "uma grande vergonha". "Declarado racismo, arrogância branca."

Lilia pisou na bola quando, em 2006, assinou um manifesto contra as cotas raciais — depois se arrependeu. Foi bom ter se arrependido. Na época, muita gente — em geral de ascendência europeia — criticou as cotas com argumentos de que seriam paternalistas e talvez mesmo humilhantes para os beneficiados: seriam menos capazes que os brancos, para precisar desse benefício? Acontece que as cotas não foram criadas para compensar o suposto baixo QI dos candidatos negros a ingressar na universidade. Foram criadas para oferecer uma oportunidade maior para aqueles que tiveram, desde cedo, que conciliar escola com trabalho. Os que estudaram sem acesso a bons livros, raramente compensado por bibliotecas acessíveis. Aqueles cujos pais, muitas vezes, eram analfabetos funcionais sem condições de ajudá-los nas tarefas escolares e nos estudos preparatórios para o vestibular. Filhos de famílias que não tinham recursos para pagar os famosos cursinhos que compensavam, no final do Ensino Médio, as deficiências dos alunos dos colégios particulares. As cotas, a meu ver, vieram fazer justiça, não paternalismo. Mas voltemos ao conflito Schwarcz-Beyoncé-MNU.

Acompanhei com interesse a divergência recente; admiro a Lilia por sua retratação pública, considerando que ela tenha sido convencida pelas críticas do Movimento Negro. Não gosto de imaginar que tenha feito isso apenas porque lhe sugeriram que calasse a boca. Não estou certa de que, como branca de classe média, seu *lugar de fala* lhe proibiria de publicar comentários e críticas sobre atitudes e declarações de descendentes de africanos, que obviamente vivem experiências diferentes das dela. O que definiria o tal lugar de fala de cada um de nós? A classe social? A cor da pele? A origem familiar? É nesse ponto que começo a argumentar com os "canceladores" de Schwarcz.

O que me interessa aqui não é me alistar entre os acusadores ou os defensores da historiadora, mas questionar a própria ideia de lugar de fala — e dos "cancelamentos" sofridos por quem, como diziam algumas de nossas bisavós sobre os negros, "não conhece o seu lugar". Como as sensibilidades estão muito à flor da pele, aviso que não concordo com a declaração rançosa de alguns antepassados nossos.

Para Djamila Ribeiro, lugar de fala é uma construção social, a partir da qual "corpos subalternizados reivindicam sua existência". Muito boa a expressão *corpos* (e não pessoas) *subalternizados* (e não subalternos). Indica uma contingência opressiva que devemos combater, e não uma qualidade intrínseca aos corpos — e mentes — dos descendentes de africanos.

Quem pode falar de quem?

Posto isto, acredito que a palavra, quando utilizada para argumentar e convidar o outro a pensar e debater conosco, seja o melhor recurso para resolver, ou ao menos dialetizar, ideias e valores situados em polos aparentemente opostos do vasto campo da opinião pública. Por essa razão, decidi debater essa questão de movimentos identitários e cultura do cancelamento. Apesar da enorme diferença entre minha experiência de vida e as experiências de vida dos descendentes de escravizados — prática horrenda que, no Brasil, durou trezentos anos! — nos considero iguais em direitos e na capacidade de compreender o mundo para além de nossos diferentes quintais. Sim, estou ciente de que o quintal onde nasci é privilegiado em relação ao de Djamila. Mais ainda, se comparado com o de muitos descendentes de africanos pobres. Peço desculpas a Djamila se mesmo assim insisto em me considerar, como no verso de Baudelaire, "sua igual, sua irmã".

O que seria da democracia se cada um só fosse autorizado a se expressar em relação a temas concernentes a sua experiência pessoal? O que seria do debate público? Cada um na sua casinha...? O que seria da solidariedade, essa atitude baseada na identificação com o nosso *semelhante na diferença*, se só conseguíssemos nos solidarizar com quem vive experiências iguais às nossas? Bom, tem gente que é assim, não sai do seu cercadinho. Não pertenço a esse grupo. Me conforta imaginar que, se eu fosse torturada, pessoas negras também se importariam, a despeito da cor da minha pele. O mesmo vale para mim em relação a qualquer outra pessoa. Meu "lugar de fala" é aquele de quem se identifica com a dor dos outros. Mas também é o de quem se permite criticar atitudes preconceituosas ou injustas, venham de onde vierem. Embora seja importante reconhecer a dignidade da condição de quem é vítima de alguma opressão — econômica, racial, sexual — não há motivos para acreditar que os oprimidos sejam santos — o que, aliás, não tem importância alguma.

Considero as políticas identitárias recursos essenciais para impor respeito, exigir reparação por todos os crimes do racismo assim como lutar (ainda!) por igualdade de direitos. Abomino todas as formas de discriminação baseadas na cor da pele, no país de origem, na fé religiosa ou nas diferenças de práticas culturais. Nenhuma "palavra de ordem" se manteve mais atual, ao longo dos séculos, do que o lema da Revolução Francesa: *igualdade, liberdade e fraternidade*. Foi criado por um grupo de franceses branquelos em luta contra uma monarquia tão indiferente ao sofrimento do povo a ponto de a rainha sugerir, na falta de pão, que comessem *brioches*. As três palavras viraram lema da modernidade, supostamente valendo para pessoas de todas as origens e etnias.

Me parece que o que está em causa, quanto ao destino das pessoas de ascendência europeia e as descendentes de africanos, é a *igualdade*. Como considerar iguais pessoas oriundas de classes sociais, grupos étnicos e experiências de vida tão desiguais? Como nos considerar — a nós, filhos e filhas dos "senhores de engenho" — iguais aos descendentes dos que trabalharam forçados naqueles mesmos engenhos?

No entanto... sim, em alguns pontos somos iguais. Em direitos (embora, no Brasil, eles sejam tão desrespeitados). Em dignidade. Na liberdade de voto, crença, opção política e, na atualidade, opção sexual. Na capacidade de produzir cultura, seja musical, pictórica, teatral, literária. Nesse aspecto da produção de cultura, entra em causa a liberdade de expressão. Podemos participar, sem pedir licença, de todos os debates que nos interessem. Podemos nos pronunciar a respeito de problemas e questões que não fazem parte de nosso dia a dia. São questões dos "outros". Mas que nos importam. Queremos falar. Queremos ter acesso a todas as expressões artísticas. Ouvir tanto as músicas de descendentes de senhores de engenho[2] como as de descendentes de escravos[3]. Se a palavra não é

---

[2] A exemplo da canção "Sinhá", de João Bosco com letra de Chico Buarque, que se encerra assim: "E assim vai terminar a história de um cantor/ com voz de pelourinho e ares de feitor// cantor atormentado, herdeiro sararás/ do nome e do renome, de um feroz senhor de engenho/ e das mandingas de um escravo/ que no engenho enfeitiçou sinhá".

[3] Devemos a eles, aliás, o ritmo que se tornou *marca registrada* da cultura brasileira: o samba. Mas também o jongo, o maxixe, o candomblé etc.

livre, que liberdade podemos almejar? Abominamos apenas a palavra que induz a linchamentos — físicos ou virtuais — em nome da liberdade de expressão.

Não quero imaginar um mundo em que cada um só possa dialogar com seus supostos "iguais" em gênero, cor da pele ou classe social. Ou de que maneira eu, branquela de classe média urbana, teria sido aceita pelos "compas" do MST a quem ofereci escuta psicanalítica entre 2006 e 2011 (quando tive que interromper por causa do trabalho na Comissão da Verdade)? Como pude ser respeitada entre grupos indígenas que me relataram, no capítulo que me coube escrever, o genocídio sofrido por eles durante a ditadura — se nunca, antes disso, tinha nem sequer pisado em uma aldeia?

Será que Joaquim Nabuco, filho e neto de fazendeiros escravistas, deveria ter se conformado com seu lugar de fala em vez de se autorizar a escrever *O abolicionismo*?

Durante o nazismo, um dos períodos mais horrendos da história, algumas famílias alemãs não hitleristas abrigaram famílias judias em suas casas, salvando muitas delas. Alguns desses alemães antirracistas foram denunciados por seus vizinhos e assassinados pela Gestapo. Mesmo pertencendo à "raça ariana", foram mártires em sua ação solidária contra o genocídio.

Meu sobrenome é alemão. Meu avô, muito carinhoso comigo na infância, era antissemita por razões "eugenistas". Entendi, na adolescência, que ele defendia a supremacia da "boa raça". Que conceito desprezível, para dizer o mínimo. Criminoso. Nenhum dos seis netos compartilha aquelas ideias.

Aliás, por causa dessa ascendência que não escolhi (para mim, ele era só um doce avô), talvez o Movimento Negro Unificado me considere a última pessoa autorizada a dialogar com seus ativistas. Quero correr o risco. Acima de todas as diferenças, aposto sempre na livre circulação da palavra e do debate. E afirmo que nosso *habitat* "natural" é esse caldo de culturas que constitui o vasto mundo da palavra — fora do qual, o que seria do ser humano? Como escreveu Pessoa, apenas um "cadáver adiado que procria".

Já participei, com alegria, de muitas manifestações do Dia da Consciência Negra. Tenho inúmeras afinidades com a cultura que seus antepassados, generosamente, nos legaram. Sou do samba, desde criancinha. Meus tios maternos, boêmios, tocavam e cantavam. "Caí no caldeirão", como Obelix. Às vezes penso que sei, de cor, todos os sambas desde o final do século XIX até o final do XX. Sou filha de Santo: que pretensão, não é? Nem pedi para que isso acontecesse, foi o santo que "mandou". Essa filiação me encoraja a enfrentar dificuldades.

Escrevi um ensaio sobre a história do samba que começa com o abandono dos escravizados depois da Abolição; é claro que o "sinhozinho" que explorava trezentos africanos, ao ter que pagar pelo menos um salário de fome a cada um, preferiu botar 250 na rua e explorar até o osso os outros cinquenta ex-escravos. Ao contrário do que aconteceu em alguns estados do Sul dos Estados Unidos, aqui ninguém recebeu qualquer reparação pelos abusos sofridos durante gerações. Foi preciso que um operário chegasse ao poder para instaurar algumas políticas reparatórias, como as cotas para afrodescendentes ingressarem nas universidades ou a legalização das terras quilombolas.

Nos Estados Unidos, país hoje governado por um dos ídolos do desgovernante brasileiro, existe uma grande população afrodescendente de classe média. Um descendente de africanos presidiu o país, por dois mandatos, de forma relativamente progressista — até onde o Congresso permitiu. Outro deles é um cineasta genial. A produtora de Spike Lee se chama Forty Acres and a Mule, em referência à reparação que deveria ter sido recebida por seus antepassados após a Guerra Civil.

Vamos também contar os compositores, músicos e cantores de jazz. Tocavam em espaços frequentados por brancos não racistas.

Aqui no Brasil, diante do abandono dos escravizados recém-libertos, os brasileiros descendentes de portugueses, italianos e outros europeus racistas estabeleceram uma associação vergonhosa entre as pessoas de pele escura e a "vadiagem". Uma ruindade a mais, entre tantas outras. Mas os ex-escravizados, sem trabalho depois da Abolição[4], que se reuniam na Pedra do Sal, na zona portuária do Rio, à espera do trabalho pesado de ajudar a descarregar navios, nas horas vagas criaram o samba: uma das marcas mais fortes da cultura brasileira. Que nunca nós, brancos, fomos proibidos de cantar e dançar. Na Bahia, surgiram os terreiros de Candomblé, que não atendem apenas negros. Brancos podem se consultar e, se for o caso, a mando do santo, se filiar.

Para que você não pense que o atrevimento de me identificar com a riquíssima cultura que você compartilha com "mais de cinquenta mil manos" seja um "abuso" exclusivo em relação aos afrodescendentes, te conto que sou incuravelmente heterossexual, mas participo todos os anos da Parada Gay. Nenhum de meus amigos gays, um dos quais já sofreu perseguições homofóbicas no trabalho,

---

[4]   Evidentemente o senhor de escravos que explorava quinhentos indivíduos, ao ter que lhes pagar ao menos um salário de fome, preferia mandar quatrocentos para a rua, ao Deus dará, e abusar ao máximo da força de trabalho dos cem restantes.

me desautorizou a me identificar com eles. Mas também nenhum se *ofendeu* nas ocasiões em que discordamos sobre algum assunto, mesmo referente à causa identitária. Às vezes, no debate, me convenceram. Outras, eu os convenci. Liberdade de opinião combinada com igualdade de direitos pode dar resultados excelentes. No entanto, você sabe, existem negros racistas — não contra os brancos, o que até seria compreensível. Contra outros negros. Sérgio Camargo, que preside a Fundação Palmares no atual governo, chamou o movimento negro de "escória maldita" e insultou a figura mítica de Zumbi. Para ser coerente, alinhou-se ao governador hitlerista de Santa Catarina.

Uma das razões da minha iniciativa de escrever, em público, para os companheiros do MNU, é que acredito que sejamos iguais também na capacidade de empatia. Não preciso ter sido amarrada ao tronco para ter horror a isso. O país inteiro, até mesmo os indiferentes, sofre de baixa estima por causa de nosso longo período escravista. E nós, brancos antirracistas, somos sim capazes de nos colocar emocionalmente no lugar daqueles que ainda sofrem o que nunca sofremos. No entanto, não tenho dúvidas de que até hoje os descendentes de africanos sofrem, como sofreram no passado, muito mais que os descendentes de europeus em nosso país.

Somos iguais. Não em experiência de vida, nem na cor da pele. Em direitos, em dignidade e, como tento fazer agora, em liberdade de expressão. Eu desrespeitaria os membros do Movimento Negro Unificado se fosse condescendente. Ou se fingisse concordar para não sofrer linchamentos virtuais. A consideração e o respeito é que me autorizam, em casos como esse, a discordar. De igual pra igual. Por isso não aceito que, em função de nossas origens diferentes — e dos privilégios dos quais tenho consciência —, militantes do movimento negro eventualmente possam exigir que eu cale a minha boca.

Para terminar, deixo aos leitores que ainda não conhecem a letra de uma das canções mais tocantes de todas para denunciar um dos muitos atos de barbárie racista, nos Estados Unidos: um ex-escravizado cujo corpo jazia insepulto, enforcado em uma árvore. Tenho certeza de que muitos de vocês a conhecem.

Strange fruit

Southern trees bear a strange fruit
Blood on the leaves and blood at the root
Black bodies swinging in the Southern breeze
Strange fruit hanging from the poplar trees.

Pastoral scene of the gallant South
The bulging eyes and the twisted mouth
Scent of magnolias, sweet and fresh
Then the sudden smell of burning flesh!

Here is a fruit for the crows to pluck
For the rain to gather, for the wind to suck
For the sun to rot, for the tree to drop
Here is a strange and bitter crop.[5]

Ao digitar esses versos, já tenho vontade de chorar. Vocês devem saber que ela não foi composta por um negro e sim por um judeu novaiorquino, Abel Meeropol (com pseudônimo de Lewis Allan). Como desautorizá-lo com o argumento de que ele não teria o "lugar de fala" apropriado? Para estender esse pensamento até o absurdo: como conseguiríamos sequer dialogar com nossos não iguais? A empatia e a solidariedade seriam sempre hipócritas? A proposta é "cada um na sua caixinha"?

Não quero viver em um mundo desses.

---

[5] Fruta estranha

As árvores do Sul dão uma fruta estranha/ Sangue nas folhas e sangue na raiz/ Corpos negros balançando na brisa do Sul/ Frutos estranhos pendurados nos choupos.// Cena pastoral do Sul galante/ Os olhos esbugalhados e a boca torta/ Cheiro de magnólias, doce e fresco/ Depois o cheiro repentino de carne queimada!// Aqui está uma fruta para os corvos colherem/ Para a chuva enrugar, para o vento ressecar/ Para o sol apodrecer, para a árvore derrubar/ Aqui está uma estranha e amarga colheita. (Tradução literal de Pedro Davoglio.)

Naturalizamos o horror?[1]

> É noite. Sinto que é noite/ não porque a treva
> descesse/ (bem me importa a face negra)/ mas
> porque dentro de mim/ no fundo de mim, o grito/
> se calou, fez-se desânimo// Sinto que nós somos
> noite/ que palpitamos no escuro/ e em noite nos
> dissolvemos/ Sinto que é noite no vento/ noite nas
> águas, na pedra/ E de que adianta uma lâmpada?/
> E de que adianta uma voz?[2]
>
> **Carlos Drummond de Andrade**

Nós, humanos, nos acostumamos com tudo. Melhor: com quase tudo. Há vida humana adaptada ao frio do Ártico e ao sol do Saara, à Floresta Amazônica, ou o que resta dela, assim como às estepes russas. Há vida humana em palacetes e palafitas, em academias de ginástica e UTIs de hospitais. *E o pulso ainda pulsa*[3]. Há pessoas sequestradas por psicopatas durante décadas, há meninas e meninos estuprados pelo tio ou pelo patrão da mãe. Sem coragem de contar, porque podem levar a culpa pelo crime do adulto. *E o pulso ainda pulsa.*

Mas o Brasil — tenham dó! — tem caprichado no quesito do horror já faz tempo. Naturalizamos a escravidão, por exemplo. Durante trezentos anos! E depois da abolição naturalizamos a miséria em que ficaram os negros até então escravizados: jogados nas ruas de uma hora para outra, sem trabalho, sem casa, sem ter o que comer. Pensem bem: o fazendeiro que explorava a mão de obra de, digamos, 2 mil escravizados, ao se ver obrigado a pagar um salário de fome (até hoje?) aos que se tornaram trabalhadores livres iria fazer o quê? Ficar no

---

[1] Publicado no site *A Terra é Redonda*, 29 out. 2020.
[2] Carlos Drummond de Andrade, *Poesia 1930-1962* (São Paulo, Cosac Naify, 2012), p. 339.
[3] Arnaldo Antunes, Toni Bellotto e Marcelo Fromer, "O pulso".

prejuízo? Claro que não. Decidiu forçar ainda mais o ritmo de trabalho de uns duzentos ou trezentos mais fortes e mandar os outros para o olho da rua. Sem reparação, sem uma ajuda do governo para começar a vida, sem nada. Daí naturalizarmos também um novo preconceito: os negros são vagabundos. Quando não são ladrões. Ou então, incompetentes: não são capazes de aproveitar as oportunidades de progredir, acessíveis a todos os cidadãos de bem.

Até hoje, moradores de rua, pedintes e assaltantes amadores (os profissionais moram nos Jardins ou em Brasília) são identificados pelos vários tons de pele entre bege e marrom. É raro encontrar um louro entre eles. O mesmo vale para os trabalhadores com "contratos" precários: todos afrodescendentes. Achamos normal. *A carne mais barata do mercado é a carne preta*[4]. Para não cometer injustiças, nesse patamar estão também muitos nordestinos que chegaram à região Sudeste do país como retirantes de alguma seca. Às vezes acontece alguma zebra e um deles vira presidente da República. Cadeia nele.

Naturalizamos duas ditaduras, que se sucederam com intervalo democrático de apenas dezenove anos[5]. Daí naturalizarmos as prisões arbitrárias também. "Alguma ele fez...": esse era o título de uma série satírica do grande Carlos Estevão, na revista *Pif-Paf*. A legenda era o comentário covarde de pessoas de bem, que observavam um pobre coitado apanhando da polícia ou arrastado pelos meganhas sem nenhuma ordem (oficial) de prisão. Naturalizamos a tortura também, para sermos coerentes. Afinal, ao contrário dos outros países do Cone Sul, fomos gentis com "nossos" ditadores e seus escalões armados. Não julgamos ninguém. Quem morreu, morreu. Quem sumiu, sumiu. *Choram Marias e Clarices na noite do Brasil*[6].

Daí naturalizarmos também — por que não? — que nossas polícias, findo o período do terror de Estado, continuassem militarizadas. Como se estivessem em guerra. Contra quem? Oras: contra o povo. Mas não contra o povo todo — alguns, nessa história, sempre foram menos iguais que os outros. Os pobres, para começar. Entre eles, é claro, os negros. Esses elementos perigosos para a sociedade, cujos antepassados não vieram para cá a passeio. Aprendizes do período

---

[4] Alusão à canção famosa na interpretação de Elza Soares, composta por Seu Jorge, Marcelo Yuca e Wilson Capellette.

[5] A ditadura Vargas terminou em 1945 e o golpe militar que duraria 21 anos começou em 1964.

[6] João Bosco e Aldir Blanc, "O bêbado e o equilibrista".

ditatorial prosseguiram com práticas de tortura nas delegacias e presídios. De vez em quando some um Amarildo. De vez em quando um adolescente infrator é amarrado num poste, pela polícia ou por cidadãos de bem.

Tolerantes, mas nem tanto

Mas calma aí, nem tudo se admite assim, no jeitinho brasileiro: que uma presidente mulher tenha sido eleita em 2010 já foi uma grande concessão. Pior, uma presidente vítima de tortura no passado — bom, se ela não nos lembrar disso, a gente pode deixar pra lá. Mas a coisa vai além: uma presidente mulher, vítima de tortura no passado, que resolve colocar em votação no Congresso — e aprovar! — a instauração de uma Comissão da Verdade??? Aí já é demais. Por isso mesmo achamos normal que um capitão reformado (alguma ele fez?) tenha desafiado a Câmara dos Deputados ostentando durante uma audiência pública o livro de Carlos Alberto Brilhante Ustra, um dos torturadores mais cruéis daquele período. Parece que isso se chama quebra de decoro parlamentar, mas os colegas do provocador não quiseram ser intolerantes. "Brasileiro é bonzinho", como dizia uma personagem representada por Kate Lyra no *Por isso*. Também achamos normal que a tal presidente, que provocou os brios das pessoas de bem ao instaurar uma comissão para investigar crimes de *lesa-humanidade* praticados naquele passado esquecido, tenha sofrido impeachment no meio de seu segundo mandato. Seu crime: "pedaladas fiscais". Parece que, antes de virar crime, essa era uma prática comum e às vezes até necessária, chamada de "rolar a dívida".

Também achamos normal que o melhor presidente que o país já teve tenha sido preso — por que mesmo? Ah, um apartamento "triplex" no Guarujá[7], calma lá! Não é muita regalia para um filho de retirantes, torneiro mecânico, líder sindical? Um que tentou três vezes e se elegeu na quarta, com uma prioridade na qual até então ninguém tinha pensado: tirar o Brasil do mapa da fome... que pretensão. Pior é que, durante algum tempo, conseguiu a façanha com a aprovação de uma lei que instituiu o Bolsa Família — de cujo usufruto, aliás, algumas famílias abriam mão em prol de outros mais necessitados, tão logo conseguiam

---

[7] Um grupo de militantes do MTST "invadiu" e filmou o tal apartamento. Revelou aos oponentes indignados a modéstia da quitinete do ex-presidente do Brasil.

abrir um pequeno negócio (um pequeno salão de beleza, um galinheiro, uma videolocadora...)[8].

Algumas dessas famílias chegaram a cometer o grande abuso de comprar passagens aéreas para visitar seus parentes espalhados pelo Brasil. As pessoas de bem às vezes reagiam. Não foi só uma vez que, na fila de embarque, ouvi o comentário indignado: *Este aeroporto está parecendo uma rodoviária!* O horror de conviver com pobres dentro do avião nunca foi naturalizado.

Além disso, o tal presidente persistente, através de seu ministro da Educação Tarso Genro, conseguiu aprovar o ProUni, um programa de bolsas para alunos carentes. Entre eles, muitos trabalhavam durante a adolescência para ajudar as famílias e tinham menos tempo para estudar que os candidatos das classes médias e altas. Outra lei provocativa foi a que instituiu as cotas para facilitar o acesso às universidades de jovens de famílias descendentes de escravizados. Ana Luísa Escorel, professora da UFRJ, contou uma vez em conversa informal que os cotistas, no curso ministrado por ela, eram com muita frequência os mais empenhados. Faz sentido: a oportunidade de fazer um curso superior faria uma diferença muito maior na vida dos cotistas do que na dos filhos das classes médias e altas. *Esse mundo está perdido, Sinhá!*, diria Tia Nastácia, que Emília chamava de "negra beiçuda" (credo!) nos livros de Monteiro Lobato.

Então, em 2018...

... naturalizamos, por que não?... as chamadas "fake news". Até hoje, em alguma discussão política com motoristas de táxi — esses disseminadores voluntários ou não de notícias falsas — eu me exalto quando o sujeito não quer nem ouvir que eu conheço o Fernando Haddad desde que ele era apenas o jovem estudante de direito filho de um comerciante de tecidos. Foram oitenta diferentes fake news contra ele e sua candidata a vice, Manuela d'Ávila, na primeira semana depois do primeiro turno.

A série das mentiras começa com um suposto apartamento de cobertura num prédio de alto padrão — o que não seria crime algum, se comprado com dinheiro ganho pelo morador. Só que o apartamento em que a família Haddad morava na

---

[8] Cito de memória uma reportagem publicada pela *Folha de S.Paulo* durante o segundo governo Lula.

época era de classe média, não de alto padrão. A mentira seguinte era a posse de uma Ferrari — com motorista! Se fosse verdade, seria uma ostentação pra lá de brega.

Segue o circo de horrores: acusação de estupro de uma criança de doze anos. De ter em seu programa de governo o projeto de lançamento de um "kit gay" (?) nas escolas e de instituir "mamadeiras de piroca" (?) nas creches públicas. Por fim, a pior das notícias: o candidato do PT teria baseado seu projeto de governo num decálogo leninista em defesa da guerrilha. Hein??? Foi o coroamento de uma sequência de absurdos que só não foram cômicos porque o Judiciário deixou passar impune... e nos condenou a um final trágico.

Aqui estamos, pois. O tal apologista da tortura se tornou presidente do país. No segundo ano de mandato, a epidemia do coronavírus chegou ao Brasil. O machista intrépido, que afirmou ter tido uma filha mulher depois de três filhos homens porque *fraquejara*, achou que uma boa medida em prol da saúde de seus governados seria insultar o vírus. Começou por chamar o dito cujo de *gripezinha*. Para provar que estava com a razão, compareceu e continua a comparecer a manifestações de apoiadores sem usar máscara protetora[9]. Continua a fazer essas aparições demagógicas semanais, com chapéu de cowboy (hein?), cuspindo perdigotos amorosos entre os eleitores. O narcisista só consegue olhar o outro pela lente da autoimagem. Se ele teve o vírus e nem foi hospitalizado, por que essa frescura de máscaras e luvas? Coisa de boiola.

E os que não têm pão? Que comam bolo...

E já que ninguém está olhando, que tal liberar as florestas para o agronegócio? A Amazônia arde, o Pantanal queima. O vice-presidente também faz pouco-caso. Para um governo cujo ministro da Saúde recusou a entrega de remédios para populações indígenas, os incêndios na mata onde várias etnias vivem e de onde tiram seu sustento são uma espécie bem-vinda de fogo-amigo. A Amazônia, maior bioma do mundo, não se regenera quando incendiada. O que não vira pasto, um dia vai produzir um matinho secundário mixuruca. Amazônia, nunca mais? A economia, ou melhor, o lucro do agronegócio, tem segurado a moral da tropa governamental.

---

[9] A máscara, obrigatória, tem a função de proteger o outro, assim como as máscaras alheias protegem você.

Por outro lado, a inexistência de políticas públicas que amparem os milhões de trabalhadores desempregados e comerciantes falidos atingidos pela epidemia tem todos os dias despejado de seus lares milhares de brasileiros diretamente para as ruas. Os trezentos reais responsáveis pelo aumento da aprovação do presidente evitam que alguns morram de fome. Os que já estão nas ruas não têm como se cadastrar para receber o auxílio. A situação dessas famílias é agravada pelo fato de que, durante a quarentena, pouca gente circula na rua. Aqueles que já sofriam a humilhação de ter que suplicar por uma moeda ou uma xícara de café com leite para aquecer o corpo não têm mais nem para quem pedir. As ruas, na melhor das hipóteses, estavam quase desertas porque muita gente respeitava o isolamento social. Agora, quando em São Paulo o surto deu uma pequena recuada, os "consumidores" voltaram a circular, mas com medo até de olhar nos olhos do morador de rua faminto. Contornam esses corpos sem olhá-los nos olhos: para evitar algum mal-estar moral? Ou será que de fato não os veem?

Por uma razão ou outra, é preciso admitir que, sim, naturalizamos o horror. Com a quarentena é mais fácil: ficar em casa e não olhar para o que se passa além da porta é um dever cívico. A não ser... a não ser quando a moçada se cansa e resolve lotar as praias. Ou apostar tudo numa balada animadíssima, cheia de gente num lugar fechado — dançando, compartilhando copos de cerveja, gritando, soltando e aspirando perdigotos. O Brasil regrediu a 1968, depois a 1964, e agora a 1936:

Viva la muerte!

P.S. Uma pergunta, para terminar: Por que o Queiroz depositou 89 mil reais na conta de Michele Bolsonaro?

Isolamento e pornografia[1]

(Escrito com a colaboração de Maria Marta Azzolini.)

> Assim como certos materiais são próprios para ser manipulados, certas coisas são especialmente boas para ser pensadas [...]; é possível dispô-las em padrões que trazem à tona relações inéditas e definem limites antes vagos. O sexo é, creio eu, uma dessas coisas.[2]
>
> **Robert Darnton**

Será que as pessoas ainda querem fazer sexo, durante este isolamento compulsório em que a intimidade com o outro pode ser um caminho para a morte? Apesar dos riscos, acho bem provável que sim. Afinal, o sexo deve estar no topo da lista dos recursos de que dispomos para enganar precariamente a consciência de nossa finitude. E isso não se deve apenas ao fato de que, pelo menos entre o homem e a mulher, a relação sexual seja o meio mais direto e corriqueiro para engendrar, no corpo da mulher, uma nova vida. Talvez não seja preciso buscar explicações para o fato de que o arrebatamento sexual, com tudo o que ele produz tanto no corpo quanto no chamado *espírito* das pessoas envolvidas (grandes afetos, algum medo, excitação, fantasia, promessa de felicidade, abolição da falta), seja uma das maiores explosões de vida que somos capazes de conceber. O que vale tanto para as parcerias hétero quanto para as homossexuais. A outra expressão de vida, decorrente daquela, é o milagre do nascimento de uma criança — do qual este artigo não trata.

---

[1] Publicado no site do Instituto Moreira Salles, maio 2020.

[2] Robert Darnton, "Sexo dá o que pensar", em Adauto Novaes (org.), *Libertinos libertários* (São Paulo, Companhia das Letras, 1996).

O foco das reflexões que se seguem é o possível uso da pornografia online na tentativa de aliviar a angústia em que o isolamento forçado, sem prazo certo para terminar, nos lançou. Li na internet, num tal de "Boletim Coronavírus", que a atriz pornô Dread Hot triplicou sua renda desde que o Brasil entrou em quarentena. O mesmo deve ter acontecido a outros atores e atrizes do ramo. Melhor assim: o prazer e as fantasias envolvidas numa reles masturbação são física e moralmente superiores a outra forma de gozo que, aparentemente, escandaliza menos os hipócritas de plantão: refiro-me ao gozo que se obtém através das infinitas formas de violência.

As visitas aos sites de pornografia estão em alta em tempos de covid. Mas faço um rodeio a me perguntar se, diante das atitudes obscenas do atual presidente, a pornografia sexual não se tornou uma inocente brincadeira de criança. Pelo menos esta conserva laços com o prazer, alguma alegria, alguma vitalidade. Melhor gozar diante de uma imagem sexual, ainda que vulgar (seja isso o que for), do que experimentar *frissons* de potência destrutiva estimulados pelas vociferações do atual mandatário da República do Brasil. Não podia deixar de mencionar o assunto, mas prometo não voltar a ele.

Mas devo avisar ao leitor que chegou aqui atraído pelo título do artigo: saiba que vai conversar com uma pessoa quase leiga no assunto. "Mas como? Os psicanalistas não estão cansados de escutar fantasias pornográficas?" Bem, imagino que *todos os outros psicanalistas* devem ter preciosas coleções de fantasias pornográficas contadas por seus pacientes. Não é o meu caso. Na minha clínica, ouço falar mais de... amor — ou da falta dele — do que de sexo. De baixa estima, de "ninguém me quer"; de raiva e ciúmes do(a) ex. Ou de (o que é mais triste) desinteresse pela vida tal como ela vem se apresentando ultimamente. Para ser exata, os analisandos que falam mais de sexo são os gays. Porém, mesmo entre eles, são raros os relatos que se possam considerar pornográficos.

Gostaria de saber se também entre meus colegas os sofrimentos, inseguranças e obsessões de cada um são cada vez mais da ordem do *narcisismo* do que do erotismo. A meu ver, essa transição revela sobre as novas formas de subjetividade adaptadas a este momento agônico do capitalismo.

O problema da visibilidade

> Que mal há em contemplar um homem a possuir uma mulher? [...] Não é mister ocultar órgãos que geram tantas criaturas belas. Seria antes mister ocultar nossas mãos, que nos dissipam dinheiro, fazem juramentos falsos, emprestam a juros usurários, torturam a alma, ferem e matam.
>
> **Aretino, século XVII**

Para me atualizar no assunto, visitei pela primeira vez (não sei se devo me vangloriar ou me envergonhar) alguns sites pornô. Pobres dos adolescentes que inauguram suas fantasias masturbatórias diante desses filmes de "alta temperatura". Para atingir rapidamente tais quenturas e mantê-las em alta, os casais hétero ou homossexuais que atuam ali precisam se jogar imediatamente em performances sexuais em que a penetração, vaginal ou anal, seja hiper *visível*. O problema técnico de como tornar o mais explícita possível a performance peniana é resolvido pela escolha da posição dos atores: daí resulta a predominância do sexo anal, já que a vagina é um órgão visualmente mais discreto. Além disso, nada acontece do que poderiam ser as deliciosas preliminares. A ótima regra literária de Ernest Hemingway — *go right to the point and cut anything else* —, aplicada ao sexo, resulta em uma imensa pobreza de imaginação erótica.

Nas cenas, o que supostamente "enlouquece" as moças ou moços em vias de ser penetrados é a mera visão do pênis do protagonista — de preferência maior que o da média dos espectadores. A partir desse ponto, a imaginação pornográfica reduz-se ao entra-e-sai acompanhado de gemidos pouco convincentes que deveriam indicar a proximidade do orgasmo. Mas como os atores gemem sem parar do começo ao fim, a temperatura erótica, que deveria aumentar nesse ponto, permanece estável. Temo que, entre adolescentes, a educação sexual promovida pelos sites pornô produza legiões de ejaculadores precoces; já as meninas, parceiras desses rapazes convictos de que a mera visão do pênis deve enlouquecê-las de desejo, talvez aprendam com as atrizes desses vídeos pornográficos a... fingir prazer. Em parte, por generosidade: as mais experientes devem entender a devastação produzida no parceiro inseguro ao saber que não conseguiu levá-las ao orgasmo. Outras percebem depressa a inabilidade do parceiro e fingem gozar só para encerrar o assunto. Acontece que, nesses sites, as atrizes que encontrei fingem *mal*. Gemidos de prazer se repetem sem alteração, em *uma nota só*, do começo ao fim da cena, quando enfim um gemido prolongado indica o orgasmo, assim como uma placa na estrada indicaria "Você chegou a Paranapiacaba". A cena da entrega de Madame Bovary a seu segundo amante, descrita por Flaubert pelo lado de fora da carruagem que os transporta, é bem mais perturbadora que isso.

No meu consultório, mesmo os sonhos, em sua grande maioria, deixaram de ser obscenos; na mesma linha, constato que nas sessões de análise quase ninguém mais fala em masturbação. Imagino que os adolescentes sintam (ainda) certo mal-estar em contar que praticam o dito sexo solitário, mas desconfio que o conflito não advenha da culpa pelo ato que um cristão diria pecaminoso, e sim da vergonha. Esta, aliás, não é causada pela suposta bizarrice do sexo solitário; o que envergonha as pessoas, em um mundo voltado a produzir *efeitos de sucesso e popularidade* nas redes sociais, é a própria solidão. Quem se masturba revela que não conseguiu "pegar" ninguém. *Loser*.

Na adolescência, via de regra, a arte da conquista amorosa e sexual traz prestígio ao aprendiz de Don Juan. Aqueles que desenvolvem alguma capacidade de sedução e conquista sexual não querem ser discretos em relação a isso — querem se exibir. No entanto, imagino que nas redes sociais ninguém divulgue suas aventuras masturbatórias; isto equivaleria a revelar que não encontraram nenhum comprador para aquilo que o sujeito tem para oferecer; em função disso, foi obrigado a se virar sozinho. Sim, esse sentimento de desvalor também vale para as meninas; mas me parece que entre os meninos a disputa fálica é bem mais acirrada que entre as garotas.

Quanto à iniciação ao sexo corpo a corpo, tenho a impressão de que, entre as pessoas com menos de cinquenta anos, poucos ainda tiveram a iniciação sexual com prostitutas; em minha clínica, só muito raramente escuto relatos que incluam visitas (em geral, ocorridas no passado distante, forçadas por amigos ou, o que é pior, por um pai ansioso...) a bordéis. Claro que a prostituição não se extinguiu, longe disso. Refiro-me apenas ao que ouço entre as quatro dezenas de pessoas que frequentam meu divã. Os sátiros talvez não tenham transferência comigo, o que me parece um pouco decepcionante. Também é decepcionante o fato de que a *imaginação no poder* reivindicada pelos *soixantehuitard* parisienses foi quase totalmente capturada pela... publicidade.

O mercado do gozo

Nas sociedades de consumo, aquilo que Lacan chamou de *imperativo do gozo* substituiu as severas interdições sexuais estabelecidas desde a época vitoriana até pelo menos a metade do século XX. Na atualidade, o que envergonha o sujeito é sentir-se apartado das ofertas de gozo que todos os outros parecem aproveitar. Mas não pensem que essa virada representa uma libertação. Mais uma vez o velho Lacan: se você quer extinguir algum comportamento, basta torná-lo obrigatório.

É possível que nosso compungido masturbador se sinta inferiorizado em um mundo em que ele imagina que todos os outros, o tempo todo, estão gozando muito. A exceção a esse pudor de contar para a analista como cada um faz para gozar na solidão consiste em raros analisandos exibicionistas, que se divertem descrevendo com detalhes suas fantasias, hétero ou homossexuais, na tentativa de escandalizar.

Bem: mas nem todos os que tentam me constranger com detalhes supostamente escandalosos de suas vidas sexuais são tão libertinos, ou tão perversos, quanto eles próprios imaginam. No caso dos "neuróticos normais", que somos quase todos nós, a suposta perversão pode se limitar a uma fantasia atraente de ousadia e liberdade. Já a obsessão pela "verdadeira verdade" do sexo, por exemplo, pode ser um traço dos obsessivos. Mas já que voltei aos perversos, aproveito a ocasião para dizer ao leitor leigo que o *núcleo duro* das perversões não consiste na exuberância ou na bizarrice das práticas sexuais. O que mais interessa ao verdadeiro perverso é *provocar angústia no outro* — dentro ou fora da cena sexual. Talvez pela antipatia que me causa esse traço perverso, não me interessa tratar deles neste pequeno ensaio. A não ser porque...

... porque na fantasia, somos todos um pouco perversos. As ditas bizarrices da fantasia de cada um não passam de restos do infantil em nós. As crianças pequenas, sem saber exatamente o que o papai fez para colocar a tal sementinha na mamãe, inventam versões engraçadas e esquisitas do ato sexual. Ao mesmo tempo, elas ainda não "organizaram" as zonas erógenas do corpo que, no adulto, haverão de corresponder mais ou menos às zonas do aparelho reprodutivo. A criança é, no dizer de Freud, "perverso-polimorfa". Aqui, "perverso" não tem nenhuma relação com a maldade ou com as formas do erotismo adulto, e sim com a capacidade do corpo infantil de ser todo, ou quase todo, "erotizável". Essa característica haverá de se perder à medida que o corpo erógeno se organizar em torno dos orifícios excitáveis: boca, ânus, seios, vagina, pênis.

Voltemos à pornografia. É possível que esse "enxugamento" atual da imaginação pornográfica resulte apenas da liberação dos costumes — acima de tudo os sexuais — que favoreceu todas as gerações que cresceram a partir das décadas de 60 e 70. O sexo deixou de ser um mistério, mesmo para os inexperientes. Ou um escândalo, para os mais apavorados. Imagens sexuais, de maior ou menor intensidade, circulam por toda parte. Em filmes de arte e em anúncios de desodorante. Em casas noturnas que ainda oferecem strip-tease e em comerciais de bronzeador. Já é um lugar comum dizer que o sexo está banalizado. Com isso, não quero dizer que muitas pessoas façam muito sexo a toda a hora. Isso não torna, necessariamente, o sexo banal. Quero dizer que ele, o onipresente sexo, de tanto ser associado a marcas de produtos, de tanto ser usado para alavancar o interesse de filmes medíocres, perdeu seu poder de falar diretamente a nossas mais desconhecidas representações inconscientes. O *frisson* provocado pelas cenas de sexo em *O último tango em Paris*, de Bernardo Bertolucci, em breve completará cinquenta anos.

Disso não resulta, necessariamente, que o sexo tenha perdido prestígio. Nunca se praticou tanto sexo, e em idades cada vez mais tenras, quanto hoje. Ou será que me engano? De fato, já superamos o tempo dos casamentos arranjados, quando os pais entregavam aos "noivos" inexperientes, de excelentes famílias, suas meninas que acabavam de menstruar pela primeira vez. Findos os antigos arranjos oligárquicos cuja indecência se naturalizara, crianças continuam a ser objetos sexuais — só que em *outra cena*. Não mais a cena desoladora dos casamentos arranjados, e sim a cena abjeta da pedofilia ou da prostituição infantil. Esses são crimes a ser combatidos, principalmente nas regiões mais pobres do país, onde famílias miseráveis continuam a oferecer suas Iracemas[3] aos caminhoneiros de passagem.

Do ponto de vista dos corpos e mentes ainda imaturos, a violência do defloramento pode ser a mesma, tanto para a esposa adolescente do século passado quanto para a menina que o pai oferece na beira da estrada. Mas do ponto de vista do desamparo, estas últimas são muito mais vulneráveis. A noivinha adolescente está enquadrada em um discurso moral que confere dignidade ao que talvez venha a ser uma vida sexual miserável. A menina pobre, obrigada a prostituir-se, não tem dignidade nenhuma — e quanto mais desprezada (na razão inversa ao preço de seu corpo no mercado do sexo), menos saberá se defender e evitar o lugar de objeto disponível, desprovido de dignidade.

---

[3]   Referência ao filme de Jorge Bodansky, *Iracema, uma transa amazônica*, de 1973.

Volto à psicanálise. No meu divã fala-se mais do amor, e/ou da falta dele, do que de sexo. Ou seja: os sofrimentos e as fantasias mais comuns são da ordem do narcisismo, não do erotismo. Fala-se de baixa estima. De pouco interesse pela vida. De insegurança: será que ele/ela me ama? Por que ninguém gosta de mim? Sou bonita? (as moças) Sou potente? (os homens) Sou desejável? (ambos). Lamento dizer que a única pessoa de quem me lembro que tenha se referido a fantasias sexuais mais ousadas foi um analisando pedófilo. Que, no caso, não se contentava em ficar só nas fantasias. Também devo dizer que, de todas as variedades (ditas) perversa do gosto e do gozo sexuais, essa é uma das poucas que consideramos intoleráveis. A outra, claro, é o sadismo, quando exercido fora das regras estabelecidas pelo par sadomasoquista.

A imagem pornográfica

Com a ajuda de Susan Sontag[4], teço algumas considerações sobre os lugares ocupados pelas imagens pornográficas, tanto na vida comum quanto nas representações artísticas. Algumas de suas observações, feitas nos anos 80 do século passado, nos parecem atuais. A autora cita Paul Goodman, que se refere aos Estados Unidos como uma "sociedade pornográfica". Ela acrescenta: "[...] uma sociedade tão hipocritamente repressiva que produz, inevitavelmente, uma efusão de pornografia, que é tanto sua expressão lógica quanto seu antídoto subversivo". Não é preciso forçar muito a barra para estabelecer uma equivalência entre os Estados Unidos dos anos 80 e o Brasil atual, em que o Estado laico vem sendo rapidamente tomado de assalto por um braço da facção mais obscurantista das igrejas evangélicas.

Sontag afirma que a diferença entre a escrita erótica e a literatura pornográfica — penso em autores como Bukowski e Henry Miller — é que a primeira é uma narrativa que contém trechos que podem excitar o leitor, enquanto a pornografia tem como *único objetivo* a excitação que pretende produzir — e nada mais. A literatura erótica, assim como qualquer obra de arte — se abre para muitos objetivos. Sontag cita Paul Goodman: a questão não é se — sim ou não — a pornografia, mas a qualidade da pornografia. A seguir, ela nos adverte que esse critério de

---

[4] Susan Sontag, "A imaginação pornográfica", em *A vontade radical* (São Paulo, Companhia das Letras, 2015).

avaliação ultrapassa a questão da pornografia e se aplica a todas as formas de arte. A questão sobre a pornografia é que ela aponta para "o fracasso traumático do capitalismo de prover saídas para o eterno pendor humano para *obsessões visionárias de alta temperatura*" [grifo meu].

Que expressão genial. Vale tanto para *Sexus*, de Henry Miller, quanto para *Madame Bovary.* Tanto para a *Maja desnuda* quanto para as fotos de Annie Leibovitz.

Espero que as meninas desta geração mais feminista e mais desinibida consigam ajudar seus namorados a inventar outros jogos e outras veredas que conduzam ao prazer sexual.

Coda

Freud, em *Além do princípio do prazer* (1920), estabelece uma relação, que não cabe explicar aqui, entre gozo e pulsão de morte. Penso nisso porque recentemente a cena erótica mais perturbadora com que me deparei não se encontra em nenhum filme pornô. Trata-se de uma escultura de mármore sobre um túmulo majestoso, no cemitério da Consolação. A relação entre erotismo e morte já foi explorada pelos libertinos, pelos românticos, pelos góticos. Nessa escultura tumular, o marido, que faleceu antes da esposa, vem buscar sua gélida noiva para levá-la consigo ao reino dos mortos. Ele está quase nu, debruçado sobre o corpo dela. Apenas um pedaço de tecido cobre suas nádegas. A amada morta, que ele toma nos braços, tem o corpo arqueado para trás, como se próxima do gozo. Os tecidos que cobrem seu corpo também parecem prestes a deslizar. É uma escultura bonita e perturbadora — bastante kitsch, também. Mas se o orgasmo é chamado, em francês, de "pequena morte", a mim impressionou a ousadia do escultor que estabeleceu, consciente ou inconscientemente, a relação entre o paroxismo erótico e aquilo que Freud chamou, para definir alguns estados extremos, de gozo da pulsão de morte.

Isolados e ansiosos

Uma infância são ânsias.

Marilene Felinto

O isolamento compulsório a que o perigo do contágio pela covid-19 nos condena a todos — à exceção, é claro, do nosso presidente ungido por Deus — nos lançou em uma condição que se pode chamar de infantil. Como as crianças pequenas, deixamos de ser donos de nossos narizes. Não temos o direito de ir aonde nos der na telha. Ficamos presos em casa, como a criança de apartamento cujos pais, muito ocupados, não podem levar ao parquinho. Se os pais forem amorosos, essa criança talvez não fique deprimida ou revoltada. Mas não consegue evitar a ansiedade: os prazeres e alegrias de sua vidinha se tornaram repentinamente proibidos. Não se pode brincar no playground do prédio. Não se pode chamar os amiguinhos, nem ir à casa deles. Se o adulto obrigado a cercear essa criança lhe explicar que ela não pode fazer certas coisas porque são perigosas, talvez a ansiedade diminua: é bom ser levado em consideração. É bom que o adulto aposte na capacidade de compreensão infantil. Mas isso não impede que a criança continue ansiosa. "Mãe, posso ir brincar lá fora?" "Pai, me leva pra tomar sorvete?" "Mãe, posso ir só um minuto no salão do prédio?" Ansiosa pelo dia seguinte, quando quem sabe alguém possa levá-la a passear. Ansiosa também para crescer depressa, ser dona do próprio nariz e capacitada para enfrentar tais perigos. E quem há de negar, até na vida adulta, que alguns riscos tornam a vida mais interessante? Me parece fora de dúvidas que uma vida pautada, acima de tudo, pela segurança possa se tornar bem chata. Só que a obsessão contemporânea pela segurança não é o tema destas reflexões.

Acontece que neste momento, nós, adultos, encarregados de proteger nossas crianças, também estamos frágeis. Ameaçados. Tolhidos em nossa liberdade mais elementar: a de ir e vir. O confinamento é claustrofóbico: como ficar tantos dias sem sair de casa, sem trabalhar — a maioria, sem ganhar dinheiro — em convívio permanente com pessoas a quem amamos (ou eventualmente não) mas das quais nem por isso deixamos de desejar um pouco de independência, para desfrutar um pouco de solidão, um pouco de mobilidade para fora das quatro paredes que nos protegem? Tememos por nossos filhos e netos, mesmo sabendo que crianças são menos vulneráveis a esta pandemia. Temos medo de ficar sem dinheiro. Sentimos medo da morte. Sentimos medo da vida. Bem, poderíamos considerar que essas inseguranças também são próprias da velhice — mas os velhos, diante de suas limitações, ficam, talvez, deprimidos; ou entristecidos. As crianças ficam ansiosas. Precisam de espaço para correr, pular, gritar. Tentam correr e gritar dentro de casa, mas como nós adultos também estamos ansiosos, nos irritamos com mais facilidade.

Devo avisar ao leitor que a ansiedade não é um conceito da psicanálise. O *Vocabulário da psicanálise*, de Laplanche e Pontalis, não inclui esse verbete. Já o *Dicionário técnico de psicologia*[1] menciona sete tipos de ansiedade, a começar por:

Ansiedade: estado emocional desagradável e apreensivo, suscitado pela suspeita ou previsão de um perigo para a integridade da pessoa. No caso de perigos reais, dá-se à ansiedade o nome de *ansiedade realista*.

Alguém aí já identificou as razões de nossas ansiedades atuais?
Menciono mais alguns tipos:

Ansiedade básica: Definida por Karen Horney como o sentimento de solidão, impotência e contra-hostilidade, proveniente da infância, em face do meio circundante, considerado hostil.

Sim, mesmo para aqueles criados nos ambientes mais amorosos e protetores, hoje nosso "meio circundante" está hostil. Não me refiro apenas à violência e à paranoia insufladas pelo (des)governante da nação. O meio circundante, mesmo nos bairros mais pacíficos, também pode nos matar. A morte vem pelo ar. Pode nos atingir se um semelhante respirar perto de nós. Passamos a ter medo do outro, dos outros. Até pessoas que nos amam podem nos condenar à morte. Vivemos em

---

[1] Álvaro Cabral e Eva Nick, *Dicionário técnico de psicologia* (São Paulo, Cultrix, 1999), p. 26.

um estado que talvez possamos chamar de "ansiedade flutuante". Ainda o *Dicionário técnico de psicologia*:

> Ansiedade flutuante — estado crônico de ansiedade que se prende a toda e qualquer situação ou atividade do indivíduo [que] vive dominado pelo medo racionalmente infundado de que algo desagradável ou funesto lhe ocorra.

Essa última definição se parece muito com a inquietação a que estamos submetidos sob ameaça do vírus, com a diferença de que nosso medo não é *racionalmente infundado*. Infundadas são, isto sim, as declarações e atitudes do mandante da nação, cujo nome prefiro não digitar aqui. Diante dessa verdadeira *incitação ao crime* ("Saiam de casa"; "Abram o comércio"; "O país não pode parar!"), muitos cidadãos — aqueles que acreditam no confinamento como forma de combate à epidemia — sentem-se, no mínimo, ansiosos. Neste caso, não em função de uma ameaça à própria vida (refiro-me aos que têm respeitado a quarentena), mas pelo que pode acontecer à vida de milhões de outros. Já não há leitos nos hospitais para receber os infectados. Nas favelas, onde as pessoas não têm nem sequer espaço para se isolar, o vírus pode se propagar ainda mais depressa. O contágio já atingiu terras indígenas. Vale lembrar que muitas etnias indígenas já foram dizimadas antes, a partir do contato descuidado com o homem dito "civilizado" que transportava em seu corpo, sem saber, vírus para os quais os índios isolados não tinham anticorpos. Com a globalização, surgem com mais frequência vírus para os quais também nós, os não índios, não temos defesas.

Nas cidades, os mais vulneráveis são os moradores de rua, que, à falta de políticas públicas para protegê-los, além do risco de contágio pela covid-19 podem, nesse momento, simplesmente morrer de fome nas calçadas onde já não passa ninguém a quem pedir ajuda. Moradores de comunidades pobres, onde casas muito pequenas abrigam famílias numerosas, também estão em risco de vida, tanto pela possiblidade de contágio quanto pela fome. Aqueles que vivem como vendedores ambulantes ou da oferta de serviços não encontrarão nem gente nas ruas para comprar seus produtos, nem famílias que os façam entrar em casa para consertar uma torneira, uma cerca, um fogão. Não é preciso ser socialista para sentir ansiedade diante do drama da fome vivido neste momento por milhões de brasileiros.

46 | Tempo esquisito

Enquanto isso, no Alvorada...

Para piorar as coisas, não é possível confiar nas providências tomadas pelo mandante da nação — mesmo porque tais providências inexistem. O ministro da Saúde que pregava o isolamento como meio de diminuir a propagação da doença foi substituído por outro, negacionista. Nos dois próximos meses a epidemia deve atingir seu pico, e as pessoas sem trabalho contarão com insuficientes seiscentos reais para passar o mês. Que se virem. Bem, o que se pode esperar de um governo cujo presidente se orienta pelos conselhos de um guru terraplanista?

Sim, imagino que mesmo aqueles que ajudaram a eleger o aloprado que governa o país estejam ansiosos — ainda quando não entendam exatamente o porquê. O mecanismo psíquico da *denegação* exige do negacionista que faça malabarismos constantes para sustentar seu raciocínio. Esse conceito, criado por Freud, designa a *recusa da percepção* de um ou mais fatos que possam angustiar o sujeito, ou revelar falhas e fraquezas, em si próprio, que o outro possa criticar. Cito Freud, no texto de 1925: "Não há prova mais forte de que conseguimos descobrir o inconsciente do que quando vemos o analisando reagir com essas palavras: [...] nunca pensei nisso"[2] (logo após o analista ter feito, por exemplo, uma associação comprometedora a respeito de uma fantasia ou de um sonho). O "nunca pensei nisso" indica uma recusa em admitir aquilo que, queira ou não, o sujeito já sabe.

A denegação também designa a estrutura do perverso. Não se trata daquele que não quer saber de alguma coisa que possa angustiá-lo (por exemplo, de que a morte existe), mas daquele que *sabe, mas não quer saber.* Aquele que "não está nem aí" para os limites que a realidade social lhe impõe, porque se considera uma exceção à regra, com direitos excepcionais de gozar daquilo que aos outros é interditado. Essas pessoas podem ser criminosos comuns, embora nem todos os criminosos sejam perversos. Podem ser sedutores baratos, manipuladores, chantagistas. Podem chegar até mesmo a governar países. A convocar manifestações durante uma pandemia. A recusar mostrar o resultado de seu exame para a doença e falar em público sem máscara, tossindo sobre os que o escutam de perto.

Não, ele não está nem um pouco ansioso com isso, porque parece se considerar acima das prerrogativas que colocam limites à ação da maioria dos mortais. Ansiosos, nesse caso, estamos todos nós diante dele.

---

[2] Sigmund Freud, "A negação" (1925), em *Obras completas*, vol. 16 (São Paulo, Companhia das Letras, 2011), p. 275.

Você tem medo de quê?[1]

Os rivais de Jair Bolsonaro na disputa presidencial prontamente desaprovaram o atentado cometido por Adélio Bispo de Oliveira. Foram corretos ao expressar solidariedade ao colega/rival. Seria péssimo para o país se incentivassem os cidadãos indignados com a prisão arbitrária do ex-presidente Lula a fazer justiça com as próprias mãos. Somente Ciro Gomes ousou afirmar o que muita gente pensa: "Bolsonaro representa um risco" para o Brasil.

É lamentável, mas não incompreensível, que um jovem pobre, negro, vítima de algum tipo de deficiência mental, tenha atentado contra a vida de Bolsonaro. O possível diagnóstico de paranoia faz lembrar o verso de "Paranoia", de Waly Salomão, para a música de João Bosco: "paranoico é quem descobriu ser perseguido". Talvez Adélio Bispo tenha sofrido com a fantasia, nem tão irreal assim, de tornar-se vítima potencial da metralhadora giratória do candidato. Teria agido por ódio: cometeu um crime. Por medo, talvez, do "vale-tudo" que vigora no país, desde o impeachment de Dilma Rousseff, condenada por um Congresso cujo presidente hoje está preso. Ou desde a prisão do presidente Lula, incomunicável em Curitiba como se representasse perigo para o país. Qual perigo? Lula responde: "Se me prenderem viro herói; se me matarem, viro mártir; se me soltarem, viro presidente".

---

[1] Publicado na *Folha de S.Paulo*, 16 set. 2018.

Acrescente-se que talvez Bispo tenha levado a sério a incitação ao ódio praticada (impunemente, diga-se) em atos de campanha pelo próprio Bolsonaro. Um candidato a presidente de todos os brasileiros que se permite fazer pose de matador de petistas, usando um tripé de cinegrafista como "metralhadora", ameaça nosso frágil Estado de Direito. Nesse caso, Bispo teria razão. No mínimo, se Bolsonaro não pretende fazer o que promete ("foi brincadeira", afirmou aos jornalistas), deveria ser responsabilizado pela violência que incentiva. E por quebra de decoro. Mas a bravata ficou por isso mesmo. O Judiciário que condenou Lula é conivente, por 3 a 2, com o avanço de uma candidatura cuja plataforma assenta-se sobre o ódio contra uma parcela significativa da população — negros, gays, petistas. A Câmara dos Deputados também ignorou a quebra de decoro de Bolsonaro contra a deputada Maria do Rosário, quando afirmou que só não a estupraria "porque ela não merece[ria]". Como se alguma mulher merecesse. Ou devesse se sentir honrada ao ser estuprada por homem tão... valente?

A impunidade da violência verbal de Jair Bolsonaro, concedida pelo Congresso e pelo Judiciário, nos faz temer que a luta sem lei de todos contra todos (com evidente vantagem dos mais violentos) esteja liberada no Brasil. O candidato do PSL à Presidência parece sentir-se bem tranquilo em relação às liberdades que toma. No leito do hospital, fez-se fotografar em pose de pistoleiro, apontando os dedos das duas mãos como uma criança que brinca de cowboy. Com o agravante de que não se trata de uma criança e sim de um político que pretende governar o país. E não se pode dizer que ele minta, em campanha; seus gestos e frases destemperadas revelam com clareza o tipo de governo que pretende implantar, caso seja eleito.

O sofrimento que levou Adélio Bispo a seu ato criminoso não é alheio a muitos outros brasileiros que vivem na franja inferior da sociedade de direitos. O ódio pode ter motivado seu crime. Ou o medo — o mesmo que muitos eleitores também sentem, diante do "vale tudo" que vigora hoje na política brasileira, a pretexto de eliminar *petralhas*. Adélio Bispo cometeu um crime e, também, uma burrice. Contribuiu para transformar um defensor do estupro e da violência em vítima. Mas o rapaz vai pagar por seu crime — o que é justo. Ou não? Afinal, o crime que cometeu é do mesmo tipo que sua vítima alardeia em campanha presidencial impunemente.

Pode piorar

Não é preciso entender de economia para saber que o Brasil está empobrecendo. Não importa se espantosos 1,1% foram acrescentados ao PIB; qualquer pessoa de bom-senso e com o mínimo de sensibilidade já entendeu que a miséria voltou ao Brasil e que os festejados 1,1% talvez representem apenas outro pequeno aumento do poder aquisitivo dos mais ricos. Na outra ponta da desigualdade crescente, observamos que desde 2019 o número de famílias morando nas ruas subiu muito mais que o PIB. Não sei se essas famílias entram nas estatísticas que medem o desenvolvimento econômico. Mas a constatação é empírica. Quem passa por essas pessoas a pé percebe logo que são recém-chegados à vida de sem-teto: além do velho colchão e do cobertor surrado, os novos mendigos ainda se apegam a outros objetos domésticos resgatados do despejo, a arremedar uma espécie de lar ao ar livre. Um fogãozinho de quatro bocas, sem botijão de gás ou acompanhado do botijão vazio. Uma pequena estante com livros escolares das crianças que talvez, na nova vida sem-teto, não possam mais ir à escola. A tigela de comida dos cachorros, pois todos os moradores de rua possuem ao menos um, muito bem tratado por sinal. Não são *pets*. São os melhores amigos pulguentos de seus pobres proprietários.

Estes, com frequência, pedem ao passante que comprem uma marmita de comida. Tentei, na primeira vez, dar em dinheiro o preço da marmita, mas o rapaz não aceitou: "Dona, não adianta eu ter dinheiro. Estou muito sujo, ninguém vai me deixar entrar pra comprar a comida. Compra uma refeição pra mim?". Demanda irrecusável. A partir desse dia, sempre que alguém se diz com fome — e cada vez mais pessoas passam fome pelas ruas — prefiro comprar uma marmita a dar uns trocados. Quando me pedem, compro um saco de ração também. Sempre me lembro do lambe-lambe que vi colado num poste perto de casa: "O estômago roncava, mas dividiu a marmita de ovo e arroz com aquele cão sarnento que era a desgraça de sua vida".

No metrô é proibido dar esmolas — ou seja, é proibida a entrada de pessoas que incomodem os usuários, a pedir dinheiro. A questão, para o metrô, é proteger os pagantes de eventuais constrangimentos durante a viagem. Mesmo assim, pessoas entram em um vagão, contam um pedaço da triste história que as levou àquela condição e pedem ajuda. Na estação seguinte descem correndo e vão tentar outro vagão. Eu, apesar de ter sido educada na teologia da libertação durante a adolescência — "não dê um peixe ao homem, ensine-o a pescar" —, guardo todas as notas de dois e cinco reais para não deixar nenhum pedinte de mãos abanando. Para evitar constrangimento, os pagantes que viajam no metrô evitam olhar nos olhos dos pedintes, o que só piora as coisas para eles. Não se trata apenas do dinheiro: o mais doloroso é observar, ou imaginar, a humilhação a que a pessoa se expõe ao apresentar sua carência ao respeitável público e se deparar com a indiferença geral. Meu pai, que não seguia nenhuma religião, costumava nos dizer, diante de pedintes: "Ele precisa mais que você". E não acredito que seja preciso abandonar as pessoas ao estado de maior desamparo à espera de que elas se rebelem e "façam a revolução". Desde Marx já sabemos que o lumpesinato não faz revolução nenhuma. Gasta seu tempo, energia e imaginação na difícil tarefa de sobreviver.

Nas crises do capitalismo, percebemos que milhões de pessoas perdem não só seus empregos, mas sua dignidade. Mesmo que conservem carteira de trabalho, RG e título de eleitor, são tratados como *restos*. Mesmo que eventualmente ainda não vivam nas ruas, *já estão sem lugar*. A sociedade não precisa deles; o país não precisa deles. Nada valem.

A não ser...

... É aí que entra Deus. Nada valem a não ser para Deus. E quanto mais sofredores (isto é o cristianismo católico), mais amados pelo Pai. Ou então: quanto mais dinheiro cederem à igreja para a glória de sua fé (esta é a face empreendedora do calvinismo) mais premiados pelo Pai. Ou ainda, na versão moderna do mesmo calvinismo: quanto mais gigantesco for o templo que o pastor construir com a tua ajuda, mais importante hás de ser aos olhos Dele. O templo gigantesco e horrendo dos seguidores de Edir Macedo atesta o empenho dos pobres fiéis. Quem sabe o leitor, ou algum companheiro colaborador da *Carta Maior*, me ajude a acreditar que haja uma saída à vista para essa monstruosa combinação de fanatismo religioso com apologia da violência. Pois foi o governador evangélico do Rio de Janeiro que apregoou o método infalível de combater a criminalidade: a PM deve atirar, de cima dos helicópteros, "na cabecinha" de supostos bandidos. Para os ladrões, pena de morte. Fora da lei. Os inocentes atingidos serão computados como danos colaterais, inevitáveis em toda luta do bem contra o mal.

Pronto, falei

Para Álvaro Santos e Tati Bernardi.

Recebo com frequência, pela internet, reflexões amarguradas de gente de esquerda criticando o PT.

Os mais exigentes cobram o Partido dos Trabalhadores por não ter feito tudo o que *devia* ter feito, sem nunca se indagar se havia condições para tanto. Cito artigo do Roberto Amaral que me foi enviado por Álvaro Santos. A última oração do último parágrafo é acachapante: "Em 2016, quando fomos apeados do governo, entregamos à extrema-direita o Estado tal qual o havíamos recebido em 2003". Não me considero competente para discutir o que deveria ter sido alterado nas estruturas do Estado; estou certa de que há muito aí a ser transformado. A começar, se não me engano, pela relação promíscua entre Estado e burguesia, de onde advém a corrupção. Falta uma análise de algum cientista político sério que nos explique por que, historicamente, as estruturas do Estado brasileiro são intocáveis.

Mas discordo de que nada de essencial tenha sido alterado nas estruturas econômicas, sociais e culturais do país nos anos em que a esquerda esteve no poder. Talvez os descontentes logo passem a perceber o que havia mudado nas gestões petistas ao sentir a grande regressão promovida pelo governo Bolsonaro. No momento, o Estado brasileiro exibe sem pudor sua pior versão: a de uma "propriedade" oligárquica, de feição ainda colonial. E o povo? Ah... como sempre em sua grande maioria brigando pela maior migalha que sobre do banquete da Casa Grande, escreveu Álvaro Santos.

Tempo esquisito

Os ingênuos apontam o dedo para a corrupção. É razoável: nenhum de nós elegeu o primeiro presidente oriundo da classe operária esperando que houvesse corrupção em seu governo. Mas se queremos exigir mudanças na relação entre Estado e burguesia corruptora, é preciso ir além. O Partido dos Trabalhadores tem sido tratado, desde o começo da Operação Lava Jato, como o partido que instituiu a corrupção no Brasil. Recomendo, a quem ainda não leu, *Brasil: uma biografia*[1], livro fenomenal das historiadoras Heloísa Starling e Lilia Schwarcz, onde ficamos sabendo que a corrupção no Brasil "alavancava" a relação entre os interesses dos ricos e o Estado desde a monarquia. Por ignorar esse fato, ainda há quem imagine que a salvação viria pelas mãos de "Dom" Joãozinho, o último descendente da família real.

Vale também indicar os cinco volumes escritos por Elio Gaspari sobre a ditadura, onde ele revela que sim, nos governos militares também houve corrupção. Os que apostam numa volta da ditadura para "endireitar" (ops) o Brasil de hoje, deveriam se informar um pouco. Ou melhor: deveriam se informar bastante.

Volto à Lava Jato. Depois da farsa que se revelou a delação premiada do Palocci, que só faltou pedir a Sérgio Moro que fizesse a lista das revelações que ele deveria assinar, o véu que enfeitava a pureza de intenções da operação começou a se esgarçar. Aos poucos, descobrimos que a equipe de "investigadores" comandada por Moro não veio acabar com a corrupção. Veio acabar com o PT. Ao constatarmos que, antes das gestões petistas, ninguém se escandalizou por exemplo com a farra das estatais nos governos FHC; ao entendermos que a Lava Jato varreu para baixo do tapete o aeroporto que Aécio Neves construiu com dinheiro público nas terras de sua família; e que a mansão da filha de Michel Temer sumiu dos noticiários; ao termos que engolir que, até o momento em que escrevo, tudo indica que Flávio Bolsonaro vai sair liso do esquema das rachadinhas e do envolvimento com as tretas do casal Queiroz; depois de muitas outras leniências da Justiça em relação aos abusos cometidos por políticos de outros partidos — percebemos que a Lava Jato foi criada para arrasar com o Partido dos Trabalhadores. Não por acaso, Sérgio Moro virou ministro da Justiça no governo eleito pelo antipetismo — e nem ele aguentou a festa da boçalidade que está no poder.

A encenação infantil do Power Point do promotor Deltan Dallagnol, colocando Lula no centro de uma ciranda de bolinhas que "indicavam evidências de

---

[1] Heloísa Starling e Lilia Schwarcz, *Brasil: uma biografia* (São Paulo, Companhia das Letras, 2015).

corrupção", talvez fique insustentável agora que seu autor também perdeu a credibilidade de subjusticeiro.

A mim, como a muitos brasileiros, essa montagem perversa revolta. Mas também fico indignada quando vejo esquerdistas radicais (nas fantasias, não na ação) declararem com ar de superioridade que o PT fez pouco, que não foi suficientemente de esquerda, que os decepcionou.

Muita gente se pergunta se, nos governos petistas, daria para fazer mais, ou de um jeito diferente. Desconfio que não daria. Não se trata de incompetência do Partido dos Trabalhadores e seus aliados, e sim da força da burguesia, essa sim, organizada desde sempre em torno de seus interesses — com apoio de parte das classes médias arrivistas.

Nem por isso, me desculpem os mais radicais, eu apostaria em uma ditadura do proletariado. Historicamente essas apostas se transformaram em ditaduras, *no más*. Começaram por oprimir o próprio proletariado e, como sempre, aos poucos a burguesia voltou a comprar seus "direitos". Por isso discuto as perspectivas da esquerda nos trilhos da democracia. Não dá para ser marxista sem ser materialista, e isso implica tentar entender as condições materiais que determinam o alcance da luta de classes, suas derrotas e os fatores que favorecem suas eventuais vitórias.

Lula foi muito mais materialista que toda a esquerda reunida; ele tinha um projeto de erradicar a fome no Brasil, ampliar a rede de universidades públicas e incluir nelas os descendentes de famílias de escravizados; de legalizar quilombos e demarcar terras indígenas — entre outras propostas. Na medida do possível, foi o que ele fez. E conhecia, como sindicalista e candidato insistente à Presidência que se engajou nas caravanas para conhecer melhor as condições das regiões mais distantes[2], o país que pretendia governar.

Lula conhecia bem as condições ferozes da luta de classes no país em que passou quatro eleições tentando se eleger. Nunca subestimou a força do conservadorismo. Entendeu desde sempre que se não negociasse com a centro-direita não conseguiria aprovar nenhum projeto no Congresso. Com sua habilidade de sindicalista, conseguiu instituir o Bolsa Família, as cotas para afrodescendentes nas universidades públicas. Promoveu a demarcação de terras indígenas, a legalização de terras quilombolas. Conseguiu tirar o Brasil do mapa da fome, onde até então sempre estivera e para onde já voltou.

---

[2] Projeto de Paulo Vannuchi, que mais tarde foi seu ministro dos Direitos Humanos.

Eu sou de esquerda. Mas tenho bode dos esquerdistas que apontam o dedo para o PT sem considerar justamente as condições da luta de classes, neste país apegado ao atraso que os petistas conseguiram, na medida do possível, fazer progredir um pouco.

Tal medida do possível inclui a corrupção, com a qual não devemos pactuar. E que, aliás, é endêmica aqui e talvez em todos os Estados, capitalistas e socialistas. Quem tem dinheiro sempre tenta comprar votos e projetos que os favoreçam.

O Brasil já voltou ao mapa da fome. O número de pessoas sem trabalho e sem teto, nas ruas, aumentou de modo escandaloso. Nesses tempos de pandemia, essas famílias famintas não têm nem para quem pedir comida, nem como manter o isolamento sanitário — que o presidente, por sinal, despreza. E a direita diz, sem nenhum pudor do próprio cinismo: "A culpa é do PT". E parte das esquerdas compra essa balela.

Desse jeito, o desgoverno atual tem até chances de se reeleger.

NÃO SOMOS SÓ ISSO
Livros, filmes, teatro, canções e outros textos

Falcões de asas quebradas

Falcão — meninos do tráfico, de MV Bill e Celso Athayde, mostrou a milhões de telespectadores da TV Globo, domingo passado, recortes da vida de algumas crianças incapazes de alçar voo. Aos três anos, a força arrasadora do Real já lhes cortou as asas da imaginação. Aos seis, brincam de vender maconha e cocaína, de torturar e executar os alcaguetes queimados dentro de um pneu ou executados a bala na sarjeta. De mentirinha? Brincam para tentar espantar o medo: treino de sobrevivência na barbárie. O que você quer ser quando crescer? "Bandido."

O que sobra a essas crianças para fantasiar se a onipotência, motor da fantasia infantil, se realiza todos os dias na forma da tirania praticada por seus irmãos mais velhos, por tios e pais adolescentes destinados a morrer antes dos vinte anos? Do ponto de vista da constituição psíquica, a fantasia é o suporte do desejo. Fundamenta a experiência da interioridade, de um "si mesmo" que mede sua diferença em relação ao mundo real. Uma subjetividade sem fantasia é uma terra devastada, sujeita a servir ao gozo do Outro.

Assim, de pequenino se torce o pepino. O discurso único do tráfico se instala, totalitário, impedindo a imaginação das crianças, não apenas (como gostaríamos de acreditar) nas favelas cariocas, mas em várias cidades do Brasil. Na falta de espaço para outras fantasias, não há um ponto de fuga onde ancorar outro desejo senão o desejo de morte projetado na droga, na licença para matar, no poder irresistível do terror sem lei. Um tal desejo está fadado a se realizar, sem demora.

Desde os primeiros minutos do documentário, esse terror produziu seus efeitos sobre mim. Flagrei-me acalentando ideias de extermínio. Quantos espectadores do *Fantástico* não terão se envergonhado ao pensar que a morte desses garotos até que poderia ser bem-vinda? Depois, compreendi que estava contaminada pela única fantasia (ou profecia?) *deles*. Desses que se pensam sem futuro e se engajam no tráfico por um salário-mínimo (!) e dois ou três anos de "fama" antes da morte certa. Na voz chapada do menino de dez anos, o jargão da crítica social se transforma em ideologia conformista: "Faço isto porque ninguém me deu nada". No lugar desse *nada*, a droga instala um vazio mais suportável: "Não fico triste, *tô sempre se drogando*", diz a criança que já sabe que sua existência não conta: "Se eu morrer, vem outro como eu". Mas não deixa de lamentar sua desesperança: "É muito *esculacho* nessa vida".

O tráfico de drogas não é antagônico às economias de mercado: é sua extensão selvagem. As sociedades ditas liberais convivem com ele por uma afinidade lógica: os lucros astronômicos formados com base em trabalho escravo (voluntário) falam a mesma língua de outras formas de acumulação acelerada de capital. O capital financeiro, por exemplo, cuja lógica dispensa a negociação política, também nos esteriliza para sonhar com um mundo mais justo. O tráfico, como o capitalismo, produz os sujeitos dos quais se alimenta. De um lado, no asfalto, estão os consumidores do único meio de gozo tão potente que dispensa a publicidade. Do outro, na linha de montagem e na distribuição, está um exército de servidores voluntários. São escravos: quem entrou, só sai morto. As crianças sabem disso, mas entram. Não há poder mais eficiente do que aquele que se sustenta sobre o desejo dos dominados.

Entre os consumidores que vivem no asfalto, há quem se sirva da droga para sonhar. Mas na ponta de cá, quem se droga não sonha. A droga é a hiper-realidade cotidiana, aliada ao medo e ao poder dos fuzis: quem vacilar sabe que vai morrer. O que equivale a uma condenação sumária: impossível viver sem de vez em quando vacilar. Por isso, para as crianças aliciadas desde que deixam a barra das saias da mãe, nenhum sonho é possível. Quem sonha, mais cedo ou mais tarde vacila. Assim se fecha o circuito do gozo mortífero contra o qual as crianças são indefesas. Indefesas porque lhes falta pai, dizem os pequenos entrevistados por MV Bill. Mas sobretudo lhes falta, na favela excluída do poder público, qualquer outra referência que sustente a Lei simbólica — a que interdita o gozo e possibilita o investimento das pulsões de vida em objetos possíveis, não absolutos. A lei da droga é absoluta. Não há nada que interdite o discurso do gozo que gira em torno dela.

Ou *quase* nada, além do desejo quase impotente de algumas jovens mães. Os psicanalistas costumam desconfiar do poder das mães; penso que talvez isso seja um entendimento muito ao pé da letra a respeito da função paterna. A falta do pai, por morte ou abandono, fere e desampara o filho. Mas se a mãe está "na lei", a função paterna opera através de seu discurso. Uma delas, aparentemente muito jovem, diz que seu filho de dois anos "sabe tudo" sobre o tráfico. Mas acrescenta: "Eu quero que ele saiba o que *não é o tráfico*. Que ele saiba que existem outras coisas no mundo". É claro que para isso é preciso que o mundo, o "nosso" mundo, inclua a favela e introduza, na vida dos candidatos a *falcão*, outras perspectivas.

Outra mãe conseguiu legar ao filho um fragmento de sonho: prometeu levá-lo ao circo. Morreu, deixando o menino marcado por um desejo — e uma falta — que a droga não podia satisfazer. Desejo de infância e de magia, riso, brincadeira. Levado pela equipe de filmagem ao circo, o jovem operário da indústria da droga ainda teve tempo de desejar outra vida. Pensou ser palhaço: a face benigna do *nonsense*. Quem sabe, esculachar o esculacho. Foi o único que conseguiu deixar o tráfico e não morreu, ao contrário dos outros quinze entrevistados, antes do documentário do *mano* Bill ficar pronto.

Capitalismo versus... o quê?

Li, com o interesse de sempre, a coluna de Contardo Calligaris na quinta-feira passada. O tema é tão importante que tive vontade de entrar no debate. No caso, para discordar de alguns pontos que alicerçam os argumentos do colega psicanalista. O que é raro: concordo quase sempre com o que ele escreve. Aprendo a pensar melhor com a leitura de suas colunas, pois Contardo preserva a prática iluminista, antidogmática, de expor ao leitor o percurso de seu pensamento. Pensamos *junto com ele*. No caso da última coluna, pensei e... discordei.

De acordo com o argumento, é como se não houvesse alternativa ao capitalismo tal como ele se encontra hoje na quase totalidade dos países do planeta. É como se as experiências "socialistas" de Cuba e União Soviética, para não falar da Coreia do Norte, provassem que não é possível pensar em alternativas para o capitalismo. O qual, diante disso, se torna cada vez mais selvagem.

Começo a dizer que discordo da polarização proposta pelo colunista. Igualdade (no socialismo) *vs* liberdade (no capitalismo). Se assim fosse, eu escolheria de olhos fechados a liberdade. Bom, convenhamos que para mim é fácil: estou na ponta privilegiada do capitalismo. Assim como ele e outros profissionais liberais, não tenho patrão. Nem salário garantido, claro, mas esse é o preço da minha liberdade. Assim como outros profissionais liberais, nos momentos de crise econômica somos obrigados a trabalhar muito mais, pois as pessoas que atendemos nos pedem, com razão, para pagar menos. Ainda assim, somos sortudos. Não temos patrão. Ninguém explora nossa força de trabalho, ninguém (a não ser nós mesmos) nos impõe jornadas exaustivas, ninguém nos ameaça de demissão quando tentamos resistir contra perdas salariais — ameaça cada vez mais real diante da fila dos desempregados batendo a porta de nosso empregador. Estes que, no desespero, aceitariam (e aceitam) ocupar nossa vaga, em condições ainda piores do que aquelas que recusaríamos ao patrão por achá-las abusivas. É nas crises econômicas que o regime capitalista mostra seu potencial de crueldade.

Por outro lado, a polarização capitalismo versus socialismo abordada na coluna de Contardo excluiu os países social-democratas, onde ainda é possível conciliar a redução da desigualdade com o pleno direito às liberdades individuais.

O Brasil, onde nós, das classes médias urbanas, desfrutamos de liberdades de escolha quase plenas, ainda não erradicou completamente o trabalho escravo. Os direitos trabalhistas das empregadas domésticas, instituídos por lei em 2013, certa vez foram contestados pela escritora Danuza Leão com o seguinte argumento: "E se meus amigos velhinhos quiserem tomar um chá às onze da noite? Não teriam esse direito?". Pensei em responder que sim. Talvez, antes que lhes fosse concedido o direito à jornada de oito horas, as serviçais precisassem ministrar aos patrões duas ou três aulas sobre como se prepara um chá.

Não escrevo essas coisas para "ensinar" o que quer que seja a meu colega psicanalista e escritor, que não precisa disso. Trata-se de levar o debate adiante, na boa tradição iluminista que imagino partilhar com o próprio Contardo. Nossas ideias são feitas para dialogar com as ideias alheias. Tese, antítese... muitas vezes a síntese de ideias em conflito se revela melhor que as de cada um dos oponentes.

Hoje, é fácil criticar o socialismo cubano, por exemplo. Isolada pelo bloqueio norte-americano dos países com os quais poderia ter intercâmbio comercial, Cuba tornou-se um país muito pobre. Mas, ao chegar ao aeroporto de Havana, o viajante se depara com um cartaz que diz: "No mundo todo, hoje, milhões de crianças dormem na rua [perdão, não me lembro da cifra exata]. Nenhuma delas é cubana". Bom, propaganda cada um faz o quanto quer. Só que, nesse caso, é verdade. Assim como também não há, em Cuba, crianças fora da escola.

Já no Brasil de hoje, um número cada vez maior de famílias vive nas ruas. Algumas perderam a casa recentemente: ao lado das sacolas e dos cobertores, o pedestre topa com colchões ainda em bom estado, um fogãozinho, livros escolares... desolador.

O Brasil nunca foi comunista, nem espero que venha a ser. O grito de guerra da classe média irada contra os petistas — "Vai pra Cuba!" — é ignorância ou má-fé. O Brasil, nos governos de esquerda moderadíssima do ciclo petista, não foi, nem de longe, "cubano". Mas conseguiu promover alguma redução de desigualdade. Conseguiu incluir jovens negros, descendentes de escravos, nas universidades — com bom desempenho, por sinal. Conseguiu demarcar algumas terras indígenas, como a Raposa Serra do Sol, hoje ameaçada pela ganância do agronegócio. Conseguiu levar atendimento médico de qualidade a periferias e lugares isolados onde os médicos brasileiros não queriam trabalhar. Eram médicos cubanos. De excelente formação, por sinal. Mandados de volta em 2019, claro.

E por falar em Cuba... certa vez, no programa *Roda Viva* da TV Cultura, uma jornalista perguntou ao escritor cubano Leonardo Padura se ele tinha liberdade para escrever o que quisesse em seu país. Ele respondeu: "Tenho, sim. E essa pergunta, foi pensada por você ou seu editor mandou que você fizesse?". A moça engoliu em seco. Era jornalista do *Estadão*. O mesmo jornal que em 2010 cancelou minha coluna quando eu defendi — o quê? O comunismo? Não: o Bolsa Família, modesto e eficiente instrumento de redução da miséria instaurado por lei aprovada pelo Congresso Nacional em 2004.

Resiliência[1]

Nos últimos anos da ditadura militar que durou de 1964 a 1985, militantes urbanos pela volta da democracia também se envolveram na campanha pela demarcação de terras indígenas. Só muito mais tarde, durante o período em que participei da Comissão Nacional da Verdade como responsável pelo grupo que investigou Graves Violações de Direitos Humanos contra camponeses e indígenas, compreendi o pleno alcance daquela reivindicação. Se os habitantes originários do Brasil foram continuamente atacados e dizimados, desde o "Descobrimento" até pelo menos a Constituição de 1988 (quem não se lembra da intervenção performática do grande Ailton Krenak na Assembleia, que cobriu lentamente o rosto com graxa preta à medida que denunciava as atrocidades cometidas contra os povos indígenas?), as violações mais dramáticas dos direitos dos índios ocorreram no período das chamadas *grandes obras de desenvolvimento* (cruz credo!) da Amazônia. Sob o pretexto de que os povos originários que habitavam aquelas terras representavam o atraso, o governo ditatorial promoveu/autorizou a invasão de territórios e a dizimação de populações indígenas. Na abertura da Transamazônica, por exemplo, aviões militares jogaram no território dos Waimiri-Atroari um pó semelhante ao *agente laranja* empregado contra vietcongues pelo Exército norte-americano. "Caía

---

[1] Publicado em *Brasil 247*, 31 jan. 2020. Disponível em: <brasil247.com/blog/resiliencia>; acesso em: 1º jun. 2023.

aquele pó do céu... a gente rolava no cháo, parecia que o corpo estava queimando por dentro..."

Em Roraima, a BR 174 foi aberta através do território ianomâmi para dar passagem a garimpeiros e madeireiros. Os índios, sem imunidade, morriam de gripe, sarampo, catapora. *Marcados*, série de fotos de Cláudia Andujar feitas naquele período, revela adultos e crianças sobreviventes, frágeis e faminots, portando no pescoço plaquinhas com um número que indica a vacinação empreendida pelo governo, quase tarde demais. A semelhança com fotos de sobreviventes de campos de concentração é assustadora.

As regiões Sul e Sudeste são as terras dos resilientes Guarani. Estes, desde o Império, quando Pedro II concedeu suas terras para a companhia Mate Laranjeira, se acostumaram a ser expulsos e voltar. Eram enxotados para o Paraguai. Voltavam. Como? "A pé... pelo rio... pelo mato..." Morreram, muitos. Como os ianomâmis, morriam mais de gripe e sarampo ("doenças de branco") do que de tiro. Nos anos 1970 já se sabia que os índios não tinham resistência para nossas doenças banais — mas o Estado não vacinava os agentes sertanistas nem enviava vacinas para salvar os indígenas. Entrevistamos o alagoano Antonio Cotrim, que se demitiu de emprego estável na Funai e concedeu uma entrevista à revista *Veja* (na época, progressista), em que explicava sua demissão: "Não quero ser coveiro de índios".

Leio hoje nos jornais que Babau, o carismático cacique Tupinambá da região de Pau Brasil, no Sul da Bahia, acaba de deixar — mais uma vez! — a prisão. Quem estudou até o terceiro ano primário deve saber que os Tupinambá foram os primeiros índios avistados pela esquadra de Cabral ao chegar em terras do Pau Brasil. O cacique garboso do quadro da primeira missa é um Tupinambá.

Quando fui, com o pesquisador Inimá Simões e o cineasta Vincent Carelli, do *Vídeo nas Aldeias*, entrevistar lideranças Pataxó e Tupinambá, conhecemos o cacique Babau. Carismático, alegre, solar. Tinha acabado de voltar de mais um episódio de prisão. Seu crime: defender o território de seu povo e de seus ancestrais. Reproduzo um pequeno trecho das recomendações que encaminhou, em nome de seu povo, à CNV:

De 2000 para cá começamos a recuperar terras, mas as **violações** voltaram para cima de nós com força total. Em 2008, 180 homens da Polícia Federal com helicópteros cercaram a aldeia, o dia todo ficaram atirando, jogando bombas de gás lacrimogêneo. Conseguimos denunciar para o governo Lula. Os juízes da região concentraram os processos em mim. Fui preso em 2010, passei por vários presídios, inclusive um de segurança máxima em Mossoró [RN]. Teve pressão do pessoal de direitos humanos em Brasília, da imprensa, aí soltaram a gente. A terra Tupinambá é bonita, sagrada. Há três anos um ministro [José Eduardo Cardoso] está com os papéis para demarcar nossa terra, mas tem contestação dos fazendeiros. Eles já perderam, mas continuam pressionando, e eles não assinam. São só 47350 hectares para 10 mil índios.

Os Tupinambá vivem bem na mata porque sabem caçar, pescar e cultivar. Somos hoje os únicos índios na região que produzimos farinha de mandioca, mas nossa farinha, eles divulgam que é o pequeno agricultor que produz. Fomos os primeiros a plantar cacau na mata, agora eles querem a mata para produzir cacau. Os brancos compravam coisas para nós da cidade e nos vendiam, mas nos roubavam. Os encantados [os mortos] orientaram para nós estudar para não nos roubarem. Aí, esses comerciantes ficaram contra nós.

Nós somos um povo altamente orgulhoso. Nossos avós criaram a gente para não depender de ninguém. Não aceitamos cesta básica da Funai, queremos comer o que a gente planta. A fome foi instituída desde Getúlio Vargas, quando nos cercaram e não nos deixaram sair.

Nós preservamos matas, bichos, águas, não fazemos grandes empreendimentos. A gente não precisa se matar para enriquecer; basta ter onde viver e o que comer, ter nossa cultura, rezar, respeitar nossos encantados.

Agora aqui tem onça, sussuarana, gato-açu, macaco, peixes, cateto, veado, todos os peixes, águas melhoraram. Processamos o município São José Vitória para tratar esgoto e a gente exige que limpe o rio Uma, que atravessa nosso território.

Quando tá com fome, o índio se rende. Aí aceita cesta básica, a criança cresce vendo o pai sem trabalho e vendo comida dada de esmola; quando falta a cesta básica não sabe trabalhar para comer, fica passando fome. Tem que aprender a trabalhar vendo os pais trabalharem. Quando corta esta tradição o índio fica pobre, mendigando, sem dignidade. Aqui tem dignidade, sem alcoolismo, drogas. O índio sem a cultura deles, sem espaço pra plantar e caçar, recebendo só ajuda do governo — isso destrói o índio. Sem espaço não tem liberdade nem dignidade.

Durante a pesquisa do capítulo indígena tive acesso a um excelente depoimento do antropólogo Eduardo Viveiros de Castro. Não tive como anotá-lo, mas sei que termina mais ou menos assim: Muita gente pensa que o índio deseja deixar a mata e viver na cidade. Engano. O índio na cidade fica triste. Longe de sua aldeia vai viver num barraco apertado; vai trocar sua vida livre e soberana por sedentarismo, comida industrializada, vai tomar refrigerante, vai passar os dias diante da televisão. Deprimido.

Ou também, como no filme *Ex-pajé*, de Luiz Bolognesi, vai aderir a uma seita evangélica. Quem sabe, com esse triste desfecho, o presidente "cristão" (pobre Jesus Cristo, quantas maldades feitas em seu nome!) pense que afinal o índio se civilizou.

Mães coragem[1]

A dinâmica da vida social exige que as práticas de linguagem se renovem continuamente. Novas invenções, novos estilos artísticos, novas práticas sociais, exigem novas nomeações; algumas nascem como gírias e se incorporam ao repertório cotidiano. Outras nascem eruditas, mas o povo se apropria delas e exige que saiam do panteão. No entanto, alguns fenômenos existentes no mundo são *impronunciáveis*. Talvez pelo horror que evocam, permanecem num estado de exceção onde não podem ser nomeados.

Esse é o caso de mães e pais que perdem seus filhos. Qual o nome disso? Quem perde os pais é órfão/órfã. Quem perde o cônjuge é viúvo/viúva. Mas a perda de um filho não se chama nada. É algo que não deveria acontecer. Evoca uma dor única, impossível de transmitir com precisão a quem nunca a sentiu. A perda de um filho ou filha desafia a ordem natural — muito anterior à ordem social — da vida.

Que dizer, então, das mães de filhos assassinados? "Mães de maio" é como se autodenomina o grupo de mulheres cujos filhos foram executados numa ação policial em São Paulo e Santos, em 2006. São "mães de maio" há treze anos e continuarão sendo até morrer, a indicar a impossibilidade de se encerrar um luto desse tipo.

---

[1] Prefácio para o livro organizado por Carla Borges e Tatiana Merlino, *Heroínas desta história: mulheres em busca de justiça por familiares mortos pela ditadura* (Belo Horizonte, Autêntica/Instituto Vladimir Herzog, 2020), sobre as mães dos desaparecidos políticos.

Assim aconteceu com dona Elzita Santa Cruz, mãe do militante político Fernando Santa Cruz, desaparecido em fevereiro de 1974 aos 26 anos. Durante quatro décadas, dona Elzita nunca usou luto porque esperou pela volta do filho. Trocou o luto pela luta: politizou-se. Dos agentes da repressão, dizia que "eram monstros que matavam jovens idealistas". Quando a filha, Rosalina, também foi presa, dona Elzita não a aconselhou a delatar os companheiros para amenizar a fúria dos torturadores: "Quer que eu diga para minha filha ser dedo duro?". Perto da morte, aos 105 anos, ainda insistia em pelo menos saber as circunstâncias do desaparecimento de Fernando. A Comissão da Verdade não conseguiu apurar todas elas, mas responsabilizou o Estado brasileiro pelos crimes de lesa-humanidade de tortura, assassinato e desaparecimento de corpos. Dona Elzita afinal pôde morrer.

Fruto de uma experiência de vida radicalmente diferente da de dona Elzita, a luta de Carolina Rewaptu, da terra indígena Xavante Marâiwatsedé, no Mato Grosso, foi relativamente bem-sucedida. Na redemocratização, seu povo obteve a demarcação de suas terras. No período da ditadura, parte da TI Marâiwatsedé foi "doada" a apoiadores do regime, como as famílias Ometto e Da Riva. Os Xavante, até então isolados, foram levados à força em aviões da FAB para longe de suas terras. "Separaram famílias", conta Carolina. "Levaram crianças para viver em internatos..." Vale observar a hipocrisia de setores da elite que marcharam contra o governo Goulart, "com Deus e pela família" — e não tiveram nenhum pudor em destruir as famílias de seus opositores. Depois da redemocratização, algumas terras indígenas foram demarcadas, embora estejam novamente sob ameaças, desta vez pelo governo Bolsonaro — de volta à velha prática de oferecer territórios demarcados em troca de apoio político. Carolina nasceu em 1960, quando os Xavante de Maraiwatsedé ainda viviam isolados. Hoje continua a lutar, como líder da rede Sementes do Xingu — Mulheres Coletoras de Sementes. Replantar para não deixar destruir. Replantar para reflorestar.

Muito longe da aldeia de Carolina, no Xingu, se encontra a fábrica de São Bernardo, onde em 1979, durante uma greve, a polícia assassinou Santo Dias e tentou fazer seu corpo desaparecer. Foi a coragem de Ana Dias, viúva de Santo, que impediu a Polícia Militar de dar sumiço no corpo de seu marido. Superado o trauma, Ana continuou na luta. "Acharam que iam matar e acabar com a greve. A luta só aumentou." "Por causa dela, o corpo de nosso pai não desapareceu", disse o filho de Ana e Santo. "Fui mais teimosa do que tudo." Antes de se casar pela segunda vez, impôs uma condição ao noivo: nunca deixaria de lutar.

Mulheres como Ana, Carolina, dona Elzita e tantas outras desmentem a convicção de Freud de que as mulheres seriam incapazes de participar das "grandes obras da cultura", ficando assim limitadas às tarefas do lar. Perdoemos Freud — essas eram as mulheres que ele conhecera, filhas da moral oitocentista que perdurou até o início do século XX. Lacan, um psicanalista contemporâneo da luta das heroínas que se apresentam aqui, foi bastante crítico ao que considerava a "desmesura" feminina. Seremos nós, mulheres, menos capazes de seguir as regras impostas pela cultura do que nossos companheiros? Ora essa: a coragem das personagens deste livro mostra que a *desmesura* feminina foi fundamental para enfrentar a brutalidade *desmesurada* dos governos ilegítimos do período militar. Por que deveriam ter sido mais contidas?

Se tivesse se comportado dentro dos limites impostos pela ordem ditatorial, Clarice Herzog jamais teria conseguido impedir que seu marido, torturado e assassinado numa cela do Doi-Codi, fosse enterrado na ala dos suicidas. Ela não recuou diante das ameaças anônimas que recebeu por telefone, depois da morte de Vlado. Sua casa era vigiada por policiais. Décadas depois, conseguiu, através do trabalho da Comissão Nacional da Verdade, retificar a certidão de óbito de Vladimir Herzog. Não mais suicida, e sim vítima da violência do Estado brasileiro, que cometeu contra ele e tantos outros combatentes contra a ditadura crimes considerados *de lesa-humanidade*.

Se tivesse agido como mulher submissa, Eunice Paiva teria engolido calada a mentira de que seu marido Rubens deixara o carro no pátio da delegacia e fugira para viver com uma amante fora do país. Quatorze anos depois do desaparecimento de Rubens Paiva, já no governo de FHC, Eunice conseguiu a retificação da certidão de óbito do marido. "É uma sensação esquisita, sentir-se aliviada com uma certidão de óbito..."

Se tivesse o temperamento de uma "recatada e do lar", Elizabeth, viúva de João Pedro Teixeira (líder da liga camponesa de Sapé), assassinado em 1962, teria desmoronado. Perdeu cinco de seus onze filhos — a mais velha, Marluce, suicidou-se aos dezoito anos, depois da morte do pai. O filho Abrão foi preso. Elizabeth entregou-se à polícia para ficar no lugar dele: quatro meses de prisão. Pedro Paulo, de onze anos, foi baleado por um jagunço quando disse que um dia vingaria a morte do pai. Felizmente sobreviveu. Elizabeth estava firme quando participou de uma audiência da Comissão Camponesa da Verdade em 2013, em Sapé.

A história triste vivida pelas mães e esposas que o leitor há de encontrar nas páginas deste livro nos parece, hoje, mais perto de nós do que durante as primeiras décadas pós-Anistia. Embora o pacto que instituiu a redemocratização, no Brasil, tenha excluído o julgamento e a punição de torturadores e mandantes, as décadas de 1980 a 2010 ainda foram marcadas inicialmente pela esperança e, a seguir, pelo engajamento de grande parte da sociedade na construção de uma via democrática, de justiça social e diminuição das desigualdades. De alguma forma, as gerações pós-ditadura fizeram justiça a quem morreu lutando contra ela. Mas hoje o Brasil coloca-se na via oposta, da negação dos crimes de lesa-humanidade cometidos pelo Estado brasileiro durante a ditadura. Hoje o Brasil trai a luta e a memória daquelas mulheres que dedicaram a vida a lutar pela democracia e pela redução da desigualdade. Daí a importância e, infelizmente, a grande atualidade das histórias de vida dessas heroínas da causa democrática.

A crueldade aumenta[1]

O Brasil, paraíso dos turistas por suas praias, sua natureza exuberante e a alegria festiva de sua população — a começar pelo Carnaval —, por trás desse verniz é um país violentíssimo. Foi o último país livre do mundo a abolir a escravidão, que aqui durou trezentos anos. Ao terminar, no finalzinho do Império, não concedeu aos libertos nenhum recurso para começar uma vida independente. Foram despejados nas ruas. A pobreza entre os descendentes de africanos, desde então, é um fato que deveria nos envergonhar a todos. Só que não: uma parcela expressiva dos brasileiros é racista, mesmo que não admita abertamente. Quando o governo Lula conseguiu aprovar a lei das cotas raciais para descendentes de escravizados conseguirem acesso às universidades, muita gente se revoltou. A associação entre pessoas de pele preta e "vagabundagem" ou, pior, "bandidagem" é uma crueldade.

Outra grande injustiça brasileira é a enorme concentração de terras em mãos de poucas famílias — em parte, são terras do agronegócio: grandes proprietários que derrubam ou tocam fogo nas matas (a queimada criminosa da Amazônia sob Bolsonaro o atesta) e avançam sobre terras devolutas, expulsando comunidades de pequenos agricultores que lá viviam, plantavam e cuidavam das nascentes e das matas.

---

[1] Escrito a pedido dos companheiros de Luís Ferreira, brutalmente assassinado em 18 de julho de 2019, para ser lido em sua homenagem no acampamento "Marielle Vive!".

Contra esse estado de coisas, organizou-se a partir de 1984 o Movimento dos Trabalhadores Rurais sem Terra (MST), um dos maiores movimentos sociais do mundo. Assassinatos de militantes não são raros, mas o movimento persiste — e desde a eleição do nefasto Jair, vem sendo cada vez mais ameaçado.

Desde abril de 2018 em Valinhos, interior de São Paulo, está o acampamento "Marielle Vive!". Há um ano, no dia 18 de julho, o militante nordestino Luís Ferreira, trabalhador sério e solidário com todos os companheiros, foi assassinado. Participava de um ato simbólico das famílias acampadas que exigiam água da prefeitura e, ao mesmo tempo, demonstravam sua solidariedade distribuindo alimentos plantados por eles às famílias que passavam pela estrada. Nesse momento, uma caminhonete avançou sobre os manifestantes. Muitos foram feridos. Seu Luís foi atropelado e morreu. O assassino fugiu, mas foi preso em casa. No momento, aguarda, *livre*, a decisão da Justiça. Não por acaso, é eleitor e apoiador do atual presidente, cujo nome evito escrever sempre que posso. Na internet, como tantos outros de sua laia, divulga discursos de ódio e defende a liberação das armas. Seu irmão afirmou, diante da delegacia, que se pudesse passaria com um caminhão por cima dos sem-terra acampados. O pior é que, implicitamente, ele sabe que "pode", mesmo que o Ministério Público afirme que, com seu ato, ele poderia ter matado muito mais acampados. Provavelmente ele não se importaria. E provavelmente seria solto.

No Brasil, com raríssimas exceções, a "Justiça" sempre esteve comprometida com o que Elio Gaspari chama de *andar de cima*. Por isso os companheiros de seu Luís temem, com razão, que o assassino seja absolvido.

Depois de um período de quatorze anos de governos petistas, comprometidos (até onde foi possível, com o Congresso que sempre tivemos) com a redução da desigualdade e a justiça social, o desmonte sistemático do Partido dos Trabalhadores promovido pela Operação Lava Jato — que ainda não perdeu credibilidade, embora tenha fechado os olhos para evidências que apontavam para, por exemplo, Temer e Aécio Neves — conduziu uma parte do povo brasileiro, confuso e desiludido, a eleger um presidente que se aproxima da psicopatia. O país ficou ainda mais violento. E ainda tem tempo para piorar.

Lutemos pela pacificação da sociedade brasileira. Pela justiça. Pela reforma agrária. E pela punição dos assassinos de todos os que, como seu Luís, perderam a vida ao lutar pelo direito à terra, ao trabalho e à liberdade.

O vírus mais contagiante

Seria bom escrever que o vírus mais contagiante é o da esperança. Ou o da solidariedade universal. Talvez até seja verdade — haja vista a melhora no ânimo das esquerdas desde o momento em que Lula despontou como candidato apto a derrotar Bolsonaro em todas as pesquisas.

Só que não. Mais contagiante que a esperança, que a alegria, que o desejo ou o amor, é o vírus da violência — com sua gama de cepas variantes a provocar vários tipos de sofrimento físico e mental: medo, angústia, desespero, traumas. E mortes, mortes, mortes. A intensidade dos sintomas depende do CEP do infectado: favelas, periferias e prisões revelam altos índices de contaminação, somados a baixos índices de imunidade. A polícia brasileira, militarizada desde o período da ditadura de 1964-85, e nunca mais desmilitarizada[1], age como se estivesse em guerra. Fique tranquilo, leitor de classe média, o inimigo não é você. Nem eu. É a população pobre.

Desde que senti urgência em escrever sobre o aumento exponencial da brutalidade num Brasil que nunca foi exemplo de respeito aos direitos humanos, venho enrolando nosso querido Ricardo Musse. O tema, angustiante para todos, vinha bloqueando meu texto. Pensei pela primeira vez neste artigo no dia 8 de março, quando li a notícia do assassinato do menino Henry Borel. O garoto de oito anos

---

[1] A desmilitarização das polícias foi uma das recomendações feitas no relatório final da Comissão da Verdade (2012-2014), criada por empenho da presidente Dilma Rousseff para investigar os crimes cometidos por agentes do Estado contra cidadãos brasileiros.

sofria frequentes surras do padrasto, o vereador carioca Doutor Jairinho. A mãe não reagia porque também era espancada pelo companheiro — mas tampouco tentou fugir de casa com o filho. A funcionária da casa relatou à polícia que, no dia do crime, tinha visto Henry "apavorado". Se a mãe não fez nada, imaginem o medo, mas também a coragem da babá que delatou — ainda que não tenha conseguido impedir — o assassinato da criança.

A perspectiva de escrever sobre o martírio da criança me paralisou durante dois meses.

Pouco mais de um mês após o assassinato de Henry, no dia 16 de abril, Kaio Guilherme da Silva Baraúna, também de oito anos, foi atingido na cabeça por "bala perdida", durante uma festa em Vila Aliança. Kaio morreu no dia seguinte.

Nenhuma bala é perdida. Em primeiro lugar, elas não se "perdem" nos Jardins. Nem em Ipanema. Costumam se desencaminhar do suposto alvo *correto* quando são disparadas pelos cantos mais vulneráveis e abandonados das grandes cidades. Além da bala, quem costuma "se perder" frequentemente das vistas da Justiça e das testemunhas é o responsável pelo tiro. Sobretudo quando veste a farda que o designa como responsável por preservar a segurança da população.

O adolescente João Pedro, de quatorze anos, também foi morto a tiros pela polícia do Rio durante uma festa em sua escola. Me parece que ninguém mais pergunta se a PM tinha mandado para entrar atirando na Vila Aliança. Provavelmente não — e daí? Mandado é burocracia requerida apenas para agir nos bairros da Zona Sul carioca.

Oito dias depois do assassinato de Kaio, no dia 24 de abril, mãe e madrasta de Ketelen Vitória espancaram e torturaram com chicote e pedaços de fio elétrico a criança de seis anos. Ketelen agonizou, sem socorro, até o amanhecer. O corpo foi jogado num matagal, de uma altura de sete metros.

Aos quatro anos de idade, a menina Maria Clara foi assassinada pela mãe e pelo padrasto que mentiram, no hospital, que a causa da morte teria sido um engasgo com miolo de pão. Maria Clara teve traumatismo craniano e apresentava hematomas pelo corpo todo. Parece que o padrasto não participou do crime — mas preferiu não interferir.

No dia 4 de maio, um rapaz de dezoito anos, Fabiano Kipper Mai, invadiu portando um facão uma escola infantil em Santa Catarina e matou uma professora, um agente educacional e três crianças com menos de dois anos. É possível que Fabiano seja doente mental, mas o eventual laudo de esquizofrenia, ou de paranoia, não basta para entendermos por que seu sofrimento psíquico produziu justamente *este sintoma*: assassinar gente. Um psicótico é, com frequência, extremamente sensível ao ambiente social em que vive. Bem, isso pode se aplicar a qualquer um de nós. A questão é que o psicótico interpreta à sua maneira os mandatos que circulam na sociedade: esses que nos afetam, nos angustiam e amedrontam, mas que também nos enchem de raiva e indignação. Nem todos os psicóticos — é vital que se diga — respondem com fúria quando são afetados por incitações à violência. Alguns reagem a isso com atos de extrema gentileza. Outros se investem da convicção de que sua missão na Terra seja agir como anjos da paz: espalhar o bem, proteger os indefesos, salvar crianças maltratadas. Há também os que vivem assustados e sofrem com fantasias paranoicas. "Paranoico é quem se sabe perseguido", diz o verso cantado por João Bosco. São minoria os que reagem ao ambiente violento com mais violência.

Então tivemos Jacarezinho. A operação policial mais letal da história do Rio de Janeiro[2]. O Rio, onde muitas comunidades começaram e cresceram em morros situados na Zona Sul, tem um longo histórico de violência policial contra os pobres. Jacarezinho fica na Zona Norte: o pretexto da invasão não foi o de proteger a burguesia carioca da suposta bandidagem. A polícia chegou atirando, tanto fazia em quem. Preto pobre é tudo igual. Matou 27 moradores (um agente policial foi morto).

Os depoimentos dos sobreviventes, parentes e amigos das vítimas, estão nos jornais. A cor da pele é a mesma dos moços torturados e executados pela PM de Salvador, acusados de roubar carne em um supermercado. Acusados de passar fome. Acusados de passar fome desesperada. Acusados de desamparo. Acusados de ser vítimas de descaso do Estado. Acusados de ser, no dizer do compositor Itamar Assumpção, "iscas de polícia".

Nada disso é novo no Brasil. A novidade, desde a redemocratização, é que as execuções policiais neste momento de nossa história têm o DNA do presidente. O mesmo que homenageou em uma sessão da Comissão da Verdade na Câmara dos Deputados o pior torturador da ditadura militar: coronel Carlos Alberto Brilhante Ustra. O mesmo que, em campanha, imitava armas com o polegar e o indicador, como uma criança que brinca de cowboy; e para mostrar que não estava brincando, depois de eleito, costuma posar para fotos ostentando fuzis. O mesmo que ameaça de estupro uma deputada da oposição para depois afirmar que só não

---

[2] Esta observação limita-se ao Rio de Janeiro. Em São Paulo, sempre à frente do país inteiro, tivemos os 111 do Carandiru.

80 | Tempo esquisito

o faria por ela ser "feia". O mesmo que celebra a devastação da Amazônia e do Pantanal incentivada por seu desprezo pelas populações originárias, pelas reservas ambientais, pelas águas dos rios que haverão de secar, pelas mudanças climáticas (coisa de "comunista") e pelo país que supostamente governa. O mesmo que rompe, sem sofrer as consequências diante de uma Câmara dos Deputados venal, todos os limites do decoro imposto por sua posição ao mandar a oposição "tomar no cu" no caso do escândalo do superfaturamento na compra de latas de leite condensado. Pelo visto até aqui, com raras exceções, a oposição obedeceu. Não se falou mais no assunto.

Banalização da maldade

Só que, muito antes da eleição de 2018, o Brasil já era violento: contra os negros, contra os índios, contra os pobres. O que mudou nos últimos três anos foi que todas as manifestações de maldade se banalizaram. Uso propositalmente o conceito de *banalidade*, mas atribuo a ele um sentido um pouco diferente daquele criado pela filósofa Hannah Arendt, diante do julgamento do carrasco Eichmann em Jerusalém. Arendt empregou a expressão "banalidade do mal" para se referir à ausência de implicação subjetiva daquele que mandou milhares de pessoas morrer nas câmaras de gás sob a alegação de ter cumprido ordens. No caso brasileiro, o mandatário responsável pela explosão de violência que o país atravessa não "cumpre ordens" de ninguém, assim como não respeita ninguém além dos filhos e de um grupo cada vez menor de bajuladores. O mal se banaliza na fala de Bolsonaro a cada vez que ele diz "e daí?", para os efeitos da violência que ele próprio promove. A cada vez que diz "não sou coveiro!", em vez de lamentar a mortandade que, por culpa de seu desleixo em relação às vacinas, hoje coloca o Brasil no topo dos países mais afetados pela covid-19.

São frágeis os recursos subjetivos que nos separam dos piores psicopatas. O inconsciente, essa espécie de depositário de nossas memórias esquecidas, de nossas fantasias infantis, de nossos desejos inconfessáveis, é a mesma instância psíquica que abriga vestígios da violência que o laço social nos força, desde a infância, a conter. Quem já presenciou uma birra infantil incontida foi capaz de perceber quanta fúria existe na criança que esperneia, que se joga no chão, que às vezes diz "eu te odeio!", ao adulto que frustrou um desejo seu. A sorte dos pais e educadores é que a criança não tem força de fazer contra nós o que sua raiva e frustração incitam. Crescer é, por um lado, conquistar permissão e capacidade para fazer o que até então os pais consideravam arriscado ou além de suas capacidades; por outro, desenvolver recursos para barrar as manifestações de ódio e substituir a birra pela argumentação.

O atual presidente, quando contrariado, reage como uma criança. Seria uma gracinha — caso não se tratasse de um marmanjo com passagem pelo Exército (de onde foi expulso por insubordinação) e pela Câmara dos Deputados até chegar, *with a little help from some fake news* jamais apuradas, ao posto de líder da nação. Sua maldade, explicitada em palavras e incontáveis ações, tem arruinado não apenas a economia e os rumos da democracia: tem contribuído para a deterioração desse mínimo de civilidade que a sociedade brasileira luta todos os dias para defender.

Não se quebram certos tabus impunemente. A incitação à violência por parte do principal mandatário da nação tem força para inutilizar nosso esforço cotidiano em direção à consolidação de um laço social baseado no respeito, na compreensão das diferenças e na solidariedade. A sociedade, perplexa e ferida — sim, a propagação da maldade nos fere quase tanto quanto a violência sofrida na própria pele —, ainda não sabe reagir a isso. Desencantados, atemorizados, os brasileiros têm se tornado cada vez mais propensos a crises de violência. Às vezes, uma explosão de fúria pode ser apenas a expressão mais extrema da angústia. Mas quando essa fúria se manifesta em atos de pessoas armadas que buscam um bode expiatório para algo que as frustra ou oprime, a criminalidade explode, como tem explodido nos últimos dois anos e meio.

Isso não explica por que, em tantos casos, sejam as crianças — inclusive os próprios filhos de alguns assassinos de ocasião — as vítimas da violência doméstica. O que essas pequenas vítimas representam — isto é, representavam — a ponto de se tornarem intoleráveis para seus pais, mães, padrastos e madrastas?

Representavam a ternura, a candura, a inocência. Mesmo chatinhas, como muitas vezes as crianças são, mesmo teimosas ou birrentas, as crianças ainda manifestam uma capacidade de amar e perdoar seus pais — seus piores pais — com uma grandeza que poucos preservam na vida adulta. As crianças perturbam nossos esforços para nos adaptar sem muita dor ao novo estado deteriorado em que vivemos. Não se trata, nos casos de violência contra elas, de tentativas de matar o mensageiro que nos traz más notícias. As crianças só nos trazem boas notícias. Trata-se, sim, do desejo de eliminar esses pequenos seres que nos fazem lembrar que já fomos melhores. Esses pequenos seres que continuam nos amando, *apesar* de nossa deterioração.

Devo dizer aqui: este foi o artigo mais penoso que já escrevi. Peço perdão aos leitores se algumas passagens lhes parecerem bruscas, incompletas ou atropeladas.

Somos todos refugiados afegãos[1]

É politicamente incorreto escrever o que todos confessam em particular. A queda das Torres Gêmeas, transmitida ao vivo pela televisão ao redor de quase todo o planeta (com exceção do Afeganistão, onde os aparelhos de televisão são proibidos pelo Taleban), produziu em muita gente um estranho frisson, uma espécie de gozo inconfessável, sinistro. Esse arrepio de horror e fascínio foi produzido não pelo acontecimento real da queda dos prédios, mas pela *imagem* da explosão e do desabamento, cujo caráter espetacular não pode ser negado, e cujo parentesco com o imaginário hollywoodiano foi lembrado por muitos articulistas. Aos poucos foi se estabelecendo a medida da distância entre o caráter fantástico da imagem e a tragédia real que ela a um só tempo revela e oculta. Tragédia para as famílias das milhares de vítimas do atentado e tragédia iminente para todo o planeta, prenúncio do que ainda pode se transformar em uma guerra de todos contra todos, feroz e sem fim, sem inimigo certo e sem chefes de Estado com quem se possa negociar.

A repetição exaustiva da cena do atentado pelas emissoras de televisão lembra a repetição das lembranças traumáticas relatadas por neuróticos de guerra e sobreviventes dos campos de concentração. Quando o real rompe a frágil teia de palavras de que dispomos para simbolizar o vivido e transformá-lo em experiência a ser partilhada com o outro, a imagem é o último recurso de que o psiquismo dispõe para tentar realizar o ocorrido e assimilar o choque. Mas a

---

[1] Publicado na *Folha de S.Paulo*, 14 out. 2021.

84 | Tempo esquisito

imagem carrega uma espécie de gozo — daí a insistência da repetição — que só as palavras poderiam barrar.

Assim, passado o primeiro efeito do trauma, começamos a falar, escrever e pensar sobre o que se passou. Não que toda palavra produza pensamento. Como vimos, as primeiras reações do presidente Bush ao atentado contra os EUA limitaram-se a reproduzir o efeito imaginário da mesma cinematografia que o ato terrorista, sinistramente, imitou. "É a luta do bem contra o mal", disse ele, na primeira declaração que conseguiu formular, na qual foi seguido por gente de quem se esperava, neste momento grave, que parasse para refletir. "Queremos Bin Laden vivo ou morto." "Quem não estiver conosco, estará contra nós." Colagens de elementos imaginários que remetem a um mundo de fantasia onde não é necessário pensar, pois as imagens nos oferecem a falsa certeza de que as coisas *são*. No plano imaginário, as coisas são do modo como se dão a ver.

Essa certeza, do presidente e da população norte-americanos sobre quem eles são, foi abalada pelos atentados do Onze de Setembro. "Somos a nação mais poderosa do mundo, não podem nos fazer isto!" — dizia, inconformado, um adolescente entrevistado pela CNN, diante dos escombros. O desespero do rapaz refletia a perplexidade de quem, pela primeira vez na vida, se vê forçado a duvidar de suas convicções: "Se somos a nação mais poderosa do mundo, como foi que nos fizeram isto?", "Se nos fizeram isto, o que significa sermos a nação mais poderosa do mundo?".

Ou então: "Se somos a nação mais poderosa do mundo, como é que alguém se atreve?". O que cria outro problema de identidade, pois o atrevimento, como a coragem e a ousadia, tem um valor romântico com o qual queremos nos identificar. A piada que correu de boca em boca — "Errar é humano, acertar é muçulmano" — deve nos alertar para a cumplicidade inconsciente a que o ato terrorista convoca. Só um convicto se atira para a morte certa em nome de uma causa, e a convicção absoluta tem algo de invejável — como aliás tudo o que leva a chancela do Bem absoluto, que a modernidade não baniu, mas problematizou.

Mas ainda há outra pergunta embutida naquela, mais dolorosa para um norte-americano: "Se somos a nação mais poderosa do mundo, como é que, em vez de despertarmos uma unânime admiração, pode existir quem nos odeie?". Essa pergunta questiona, de um lado, a atitude dos habitantes e dos governos dessa nação poderosa, e por outro lado o resto do mundo, em sua relação ambivalente com tudo o que este país representa. É que, para além do gozo imaginário, os atentados contra o World Trade Center e o Pentágono causaram em muita gente

Somos todos refugiados afegãos | 85

um outro prazer perverso, nem tão inconfessável assim: o de que a nação mais poderosa do mundo, ao ser atingida, tenha se revelado vulnerável.

Não é a análise do complexo de Édipo dos muçulmanos, nem a constatação da inveja vulgar diante dos ricos e poderosos, que vai nos ajudar a entender a ambivalência despertada pelo poderio norte-americano. Essa é a ambivalência dos súditos diante do soberano absoluto. O senhor absoluto é insuportável, como é insuportável o Outro sem falha, sem brechas, inabordável. O senhor absoluto não precisa de nós, goza sem nós, indiferente à nossa dor, não negocia nada, não faz concessões. Quem se coloca nesse lugar precisa se proteger contra a ambivalência do resto do mundo, fascinado e oprimido pelos atos e pela imagem de seu grande poder. Diante da evidência de que o senhor absoluto é tão humano e vulnerável como todos nós, respiramos um tanto aliviados. E aterrorizados, também, pela constatação de que não existe nem UM que faça exceção à regra de nossa humanidade.

O soberano absoluto está destinado a ser destituído. Como o pai/chefe da horda primitiva assassinado pelos filhos, como os reis das monarquias absolutistas do século XVIII destronados pela burguesia, como o Deus do Velho Testamento, cujo arbítrio e onipotência corromperam os homens a tal ponto que foi preciso sacrificar Seu filho para instaurar um Novo Testamento. Os Estados Unidos não representam apenas, para o resto do mundo, a supremacia militar. Representam antes de mais nada a supremacia do capital: disso que gira sozinho, que está além das políticas nacionais, que torna supérfluos todos os nossos atos, todas as dimensões da nossa humanidade. A supremacia do capital não precisa de nós a não ser como "mercado"; seus mestres dispensam acordos de contenção da corrida armamentista, de proteção ecológica do planeta, abandonam as conferências da ONU, últimos fóruns onde o mundo tenta preservar as diferenças que ainda sobrevivem à globalização. Não é de estranhar que a primeira suspeita sobre a responsabilidade pelos atentados recaia, não sobre todo o mundo islâmico, mas sobre o Taleban, governo de uma seita de fanáticos religiosos que nos parecem capazes de enfrentar o senhor absoluto em nome de um outro senhor, Alá, mais onipotente, mais totalitário.

Diante da luta do bem absoluto contra o mal absoluto, estamos todos na condição dos refugiados afegãos que não têm onde se proteger do Taleban *e* do Exército americano. É preciso armar a tenda em outro lugar, um lugar impossível se a luta do "bem contra o mal" tomar conta do mundo globalizado. Pois não há nada mais próximo do bem absoluto do que o mal absoluto. Em nome do bem absoluto o homem se autoriza a todas as atrocidades sem se questionar, sem se deter. Em nome do bem absoluto tenta-se produzir, como o presidente norte-americano na primeira semana depois do atentado, uma unanimidade e um consentimento totais. Estados Unidos e Taleban se contemplam em espelho, muito mais identificados um com o outro do que as imensas diferenças econômicas e culturais deixam transparecer: os terroristas fizeram por revelar esse outro fanatismo que o mundo pressentia, e secretamente odiava, presente na democracia mais bem organizada do planeta. Não é inocente o ato falho de um dos generais do Pentágono que propôs batizar de "justiça infinita" as operações de guerra que estão por começar, sem se dar conta de que este é um termo da jihad, a guerra santa islâmica.

Enquanto chefes de Estado de países europeus aliados aos Estados Unidos calculavam a melhor forma de contra-atacar o terrorismo, tinha-se a impressão de que o presidente Bush imaginava o que fazer para proporcionar a seu eleitorado uma destruição de efeitos mais espetaculares que a primeira, capaz de superar o fascínio que o atentado terrorista promoveu. Mas o que pode ser bombardeado no Afeganistão, país miserável e já completamente destruído por duas guerras anteriores? "Não faz sentido jogar um míssil de 2 milhões de dólares numa tenda abandonada de dez dólares" — disse o presidente, num cálculo sensato que não é apenas econômico, mas também cinematográfico.

Nunca teremos certeza sobre o que se bombardeou no Afeganistão no domingo passado; pequenas aldeias, o deserto, crianças em suas tendas precárias? Essas imagens estão proibidas. O terrorismo ficou ileso, e certamente ainda mais popular no mundo islâmico do que antes. Como os refugiados afegãos, também nós, do "resto do mundo", assistimos aterrorizados a mais uma guerra de convicções absolutas do bem contra o mal, da qual o mundo sairá pior.

Paulo Freire, "comunista" odiado pelo bolsonarismo

Na semana passada, um grupo de vândalos invadiu o Centro Paulo Freire, em Recife, para escrever "Mito" nas paredes e danificar alguns móveis. Ficaríamos indignados com atos de vandalismo em qualquer lugar, mas chama atenção o fato de o lugar escolhido estar associado ao nome do mais importante educador brasileiro. Por que certas pessoas odeiam a obra e a memória de Paulo Freire? Por que a extrema direita odeia o que ele representa? Qual foi o dispositivo "comunista" que ele inventou para tornar mais eficiente a alfabetização, no Brasil? Aposto que 90% dos odiadores dele não têm a menor ideia. A começar pelo fato de que nunca leram Freire. Vou além: vai ver muitos deles, por não terem sido educados pelo método Paulo Freire, tenham se tornado semianalfabetos. Seu nome provoca despeito. A passagem do despeito ao ódio pode ser bem rápida, principalmente quando o clima político e ideológico preponderante estimula a ambos, diariamente.

É tão simples e tão genial o método Paulo Freire! Ele propôs, para a alfabetização de adultos (mas pode valer também para crianças), que em vez de aprenderem a escrever "Ivo viu a uva", começassem por escrever as palavras que designam seus instrumentos cotidianos de trabalho. Martelo. Tijolo. Cimento. Andaime. A intimidade com o objeto tornaria o aluno mais amigo da palavra, mais à vontade diante dela!

Lacan qualifica como "júbilo" a emoção que toma a criança pequena que, pela primeira vez, reconhece sua própria imagem no espelho. Ele chamou de "Estádio do espelho" essa fase em que a criança não só reconhece a própria imagem, como passa a perceber a si mesma como uma figura destacada do corpo da mãe. Ela se move mesmo que a mãe não se mova! Ela vê a si mesma em movimento ao lado da mãe que esteja eventualmente parada.

A palavra "júbilo" também serve para qualificar o encantamento do adulto que pela primeira vez identifica seu nome, ou o nome de um instrumento de trabalho onde, pouco tempo antes, só identificava sinais enigmáticos. A partir dessa iniciação singela, a capacidade de ler e escrever se instala — e quem há de negar o potencial emancipador dessa passagem? Pessoas que leem podem mudar seu destino. Pessoas que escrevem podem passar suas ideias adiante. Pessoas que leem e escrevem têm menos chance de ser manipuladas, mesmo que muitas informações manipuladoras cheguem até nós através da palavra escrita. Mas se elas chegam, podem chegar também as esclarecedoras.

Volto aos vândalos do Centro Paulo Freire: seria cômico, se não fosse trágico, que o "mito" em nome de quem eles danificaram o local de ensino não fosse também alguém que se expressa de forma a nos fazer pensar em semianalfabetismo. Alguém incapaz de enunciar um raciocínio complexo, principalmente diante de uma adversidade. O melhor que o presidente eleito consegue fazer — um degrau eticamente "acima", digamos, de dizer a uma deputada que só não a estupraria porque ela "não merece" — é chamar de "lixo" as críticas que recebe e as propostas com que não concorda. Com quais argumentos? O presidente prescinde disso. Um argumento um pouco mais elaborado, um pensamento, digamos, complexo, chega a *ofender* Bolsonaro e o bolsonarismo.

Costumo chamar essa atitude de ressentimento. O ressentimento não é um afeto semelhante à mágoa, nem mesmo ao ódio. Ressentir-se: a própria partícula "re" indica a impossibilidade de deixar para trás o sentimento de raiva contra *essa gente* que fez algo que nós próprios deixamos de fazer, por covardia ou incapacidade. O ressentido não pode deixar de odiar aquele que revela, com atos de coragem ou empenho, sua própria incapacidade ou sua covardia.

O ressentimento elegeu Bolsonaro. Depois de quatorze anos de governos petistas, a criação da Comissão da Verdade por uma presidente que foi presa política (e não delatou seus companheiros, sob tortura) incomodou muita gente. Por que mexer "naquilo" (tortura, assassinatos, desaparecimentos de corpos) tantos anos depois? Lembrem-se que o atual presidente, então deputado do baixo clero, compareceu à votação do impeachment de Dilma Rousseff brandindo o livro de seu ídolo, o torturador Carlos Alberto Brilhante Ustra.

O mandato de Bolsonaro foi fruto do ressentimento — talvez, por isso, pela primeira vez um presidente em exercício não tenha sido reeleito no Brasil. O ressentimento é uma "paixão triste" (Nietzsche). Não empolga aqueles que não estão ressentidos.

Mas os ressentidos agora estão furiosos. A vandalização do Centro Paulo Freire é só mais uma confirmação da ignorância *ativa* dessa gente. Não se trata da ignorância daquele que não teve a oportunidade de aprender (e que tentará, se tiver chance), mas daqueles que — como diz o povo — não sabem, não querem saber e têm raiva de quem sabe.

Se algumas pessoas merecem a designação de "Mito", uma delas é Paulo Freire. Não porque pretendesse, vaidosamente, ser mitificado pela genial invenção de seu método de alfabetização de adultos. Sua viúva, Nita Freire, é testemunha da modéstia que caracterizou a personalidade do educador. No entanto, reconhecemos nele algumas qualidades dos grandes homens que se tornam mitos, sendo a principal delas o fato de ter inventado um dispositivo capaz de, se adotado em todas as escolas para adultos e crianças no país, erradicar o analfabetismo. Mito é Freire, e não o iletrado que preside o Brasil até dezembro.

Hipocrisia[1]

Alguém já se perguntou por que os machões da turma pró-armas (com direito a tiro "na cabecinha") fazem o sinal da cruz e se declaram defensores da vida quando se trata do direito feminino ao aborto?

Hipocrisia, claro. E machismo — *ça va sans dire*, mesmo nos casos em que a argumentação moralista venha da boca de uma mulher. Afinal, uma gravidez indesejada indica a forte possibilidade de a moça ter desfrutado do sexo antes, ou fora, do casamento. Nem todas as senhoras de bem suportam saber disso. Aliás, raramente se aponta o dedo julgador para o homem — estuprador ou simples namorado — que se safa com a maior facilidade para não assumir a paternidade. Mesmo assim, são obscuras as razões para que tais senhoras de bem — como a juíza catarinense Joana Ribeiro Zimmer — condenem a mulher, ou no caso a criança de dez anos, que pretende impedir o desenvolvimento do embrião gerado a partir de um estupro. (Sim, também existe machismo e truculência entre mulheres.) A criança em questão ficou 42 dias encarcerada em um abrigo até conseguir autorização para praticar o aborto, apesar do amparo legal para interromper a gravidez. Também a atriz Clara Castanho teve sua vida pessoal exposta nas redes sociais pela *influencer* (argh!) bolsonarista Antônia Fontenelle, ao doar para adoção o bebê nascido de um estupro. Para quem se aferra a preceitos

---

[1] Publicado no site *A Terra é Redonda*, 13 jul. 2022.

religiosos antiaborto, vale lembrar ainda a existência do grupo de mulheres Católicas pelo Direito de Decidir.

Além de hipocrisia e machismo, devemos considerar também os inúmeros falsos moralistas que precisam de uma causa para chamar de sua. A condenação do aborto é perfeita para esses fins, pois quem há de objetar contra uma luta que se diz "pela vida", mesmo que venha da boca dos que apoiam a necropolítica do atual presidente? As meninas e mulheres que se responsabilizam pelo desejo de interromper uma gravidez não planejada talvez também ofendam os homens por agir como se fossem donas de seus corpos — e de seus destinos.

Além disso, a decisão feminina de recusar a gravidez desperta, em alguns homens, uma sombra de dúvida sobre o amor incondicional de suas santas mãezinhas. Se vos consola, senhores, saibam que a decisão de abortar nunca é fácil, nem o aborto é um domingo no parque. É sofrido, doloroso e — em muitos casos — arriscado. Há mulheres que sofrem muito por não levar adiante uma gravidez, mas o fazem porque não conseguem nem alimentar os filhos que já têm. Entre elas, inúmeras foram abandonadas por seus honrados maridos que desaparecem para não pagar pensão. Por fim, não deixa de ser curioso que, em uma sociedade que não reconhece uma série de direitos das mulheres, o estatuto da grávida seja da ordem do sagrado.

Vale acrescentar o fator de risco: como o aborto é ilegal, a mulher não tem nenhuma segurança a respeito da competência do médico que se oferece (em geral a preço alto) a ajudá-la.

Quando penso na hipocrisia, me ocorre outra pergunta: sim, claro, o embrião que a turma contra o direito ao aborto tanto defende (embora raramente defendam as criancinhas que passam fome depois de nascer) é uma forma de vida. Mas eu lhes pergunto: seria, ainda no primeiro mês da gestação, uma vida *humana*? Não falo de genes e cromossomos. Refiro-me às práticas sociais. É verdade que muitas dessas práticas desumanizam também crianças e adultos já nascidos — senão, como explicar a enorme tolerância das chamadas pessoas de bem com a miséria que aumenta a cada dia no país?

Volto ao feto. Na prática, não o consideramos como vida *humana*, e nossas práticas diante de um embrião abortado mesmo *contra a vontade da mãe* confirmam isso. A sociedade não considera o embrião de poucas semanas como vida humana: não há precedentes de rituais religiosos, orações e sepultamento digno, em consideração à forma de vida incipiente que, acidentalmente, se perdeu. Sou obrigada a ser rude, por falta de um bom jeito de nomear o que se faz nas choupanas mais pobres e nos mais caros hospitais, com o embrião de poucas semanas expulso do corpo da mãe por um aborto espontâneo: ele é jogado no lixo. Ou na privada. Cruel? Claro que sim, especialmente para a mãe que perdeu contra sua vontade a vidinha que já amava como filho. Mas revela a convicção geral, ainda que inconsciente, de que aquele agrupamento de células ainda não representa uma vida humana.

Não escrevo isso para sugerir que deveríamos sepultar e celebrar missas de sétimo dia para os embriões perdidos por abortos espontâneos. Escrevo para argumentar contra a carolice hipócrita de quem condena o aborto incondicionalmente. Meu argumento não é o de que nós, mulheres, somos donas de nossos corpos, porque não se trata do que fazemos com os corpos — com toda a liberdade a que temos direito — e sim com nosso *destino*. Uma mulher pode — pasmem! — não desejar nenhum filho. Ou pode se achar imatura demais para ser mãe *naquele momento de sua vida*, mas planejar ter filhos mais tarde. Ou, o que tantas vezes ocorre, saber que a pobreza não lhe permite alimentar e cuidar bem nem dos filhos que já teve, por isso não saberia o que fazer com mais um. O machão carola que condena o aborto com frequência é o mesmo que abandonou mulher e filhos e desaparece para não ter que conceder a pensão prevista em lei.

A única conclusão possível depois dessas considerações é a de que a criminalização do aborto reproduz, ainda que para muitos de forma inconsciente, antiquíssimos preconceitos contra a liberdade sexual da mulher.

O falso moralismo a favor dos "direitos do embrião" tornou-se, se não o último, um dos principais refúgios dos canalhas.

O grande Boal[1]

Fui uma adolescente bastante alienada. Sabia que havia uma ditadura, mas minha família melhorou de vida durante o "milagre brasileiro" dos anos 70. Até entrar na universidade, ignorava a tortura, os assassinatos nas prisões, o desaparecimento de corpos. Só na USP meus colegas me alertaram para o que acontecia no país. Virei de esquerda. Ainda sou.

Enquanto isso, aquele que viria a ser meu amigo quatro décadas depois foi preso e torturado por seu trabalho revolucionário com o Teatro do Oprimido — uma invenção de Augusto Boal para conscientizar as pessoas a respeito de todas as formas invisíveis de opressão que sofriam.

Conheci Boal através de sua amada mulher, Cecília, integrante de um grupo de estudos que coordenei, no Rio, entre 1998 e 2011. Cecília me hospedava em sua casa, mas no começo ele nem me dava bola. Era educado, gentil, mas passava quase todo o tempo escrevendo, no escritório envidraçado que eu chamava de "aquário". Uma vez, Cecília foi com ele a uma mesa-redonda da qual participei, sobre sociedade do espetáculo. Sua intervenção foi uma aula para nós, expositores. E depois disso ele passou a me considerar uma interlocutora.

Tive a alegria (e hoje penso: a honra) de participar de alguns momentos importantes da vida desse casal. Estava no Rio na comemoração do dia em que Augusto perfilhou Fabián, filho do primeiro casamento da Cecília, depois da morte do pai

---

[1] Publicado no site do Instituto Augusto Boal, maio 2019.

dele. E de novo, no dia em que fui assistir a uma aula dele, na UFRJ. Como era claro naquilo que ensinava; como era entusiasmado! Fui também uma orgulhosa integrante do desfile de uma pequena escola de samba da Barra, que o homenageou, em 2003. Naquela altura, Augusto já sofria com um joelho arruinado na tortura, mas subiu no carro alegórico e se aguentou lá em cima, sustentado por uma muleta.

Em 2006, me pediu que fizesse o prefácio de seu livro — que seria o último, mas não sabíamos disso... Com alguma timidez, anotei passagens que achei que precisavam de mudanças, palavras a corrigir etc. Fui falar com ele, preocupada com a reação. Nada disso: Augusto respeitava todo mundo (menos, provavelmente, torturadores e seus mandantes...). Ouviu minhas ponderações, aceitou muitas delas, mexeu no livro.

Pouco depois, em 2008, Augusto morreu. Não era hora. Nunca é hora — mas no caso dele, menos ainda. O Brasil ainda precisaria tanto do Boal! Hoje, mais ainda — mas também penso que foi uma sorte ele não ter passado pela tristeza de ver seu país de adoção eleger Bolsonaro.

Hoje temos o Instituto Boal, temos a grande Cecília, temos Julián Boal que leva adiante o trabalho do pai. Mas só de escrever sobre a falta que ele faz — para nós que o amávamos, para o Brasil que piorou tanto — me dá vontade de chorar.

Não somos só isso

Coitadinho do Brasil. Está tão caótico, tão sem pé nem cabeça e, ao mesmo tempo, tão solidamente ruim — ruim no sentido de ruindade, pior ainda do que o sentido da falta de qualidade, que aliás também se aplica ao uso atual da palavra, se referida ao nosso país. Ruim como se diz que um doente está ruim em alusão à gravidade de seu estado. Pois o Brasil tem estado solidamente ruim, nos três sentidos da palavra. Malvado, estragado e doente. Chega a ser difícil escrever sobre o país sem falar mal dele. Coitadinho do Brasil.

Só que bateu uma enorme preguiça de falar mal dele. É que senti — sinto — muito dó deste nosso país. Me fez recordar o poema "Pátria minha", em que Vinicius de Moraes declara sua vontade de pegar o país no colo, embalá-lo, consolá-lo. Nesse poema de 1949, o poeta acrescenta que chora de saudades da pátria. Ele vivia em Los Angeles como vice-cônsul do Brasil. Mas não era só a distância geográfica que despertava as saudades — é que o Brasil, naquele momento, já não era mais o país que ele adorava. Aqui vicejava o Estado Novo, expressão neutra para designar a ditadura Vargas. Em seu primeiro mandato, como presidente democraticamente eleito, Getúlio ganhou a alcunha de "pai dos pobres" por ter instituído o salário-mínimo. Último país livre a abolir a escravidão, o Brasil finalmente fazia alguma justiça aos descendentes de escravizados — esses que, após a Abolição, foram dispensados sem receber qualquer reparação pelos anos de trabalhos forçados. Esses que, libertos, foram simplesmente jogados nas ruas, nas estradas, sem eira nem beira. Sem instrução, sem preparo, a maioria dos descendentes de africanos escravizados era obrigada (na melhor das hipóteses) a executar pesados trabalhos braçais, recebendo em troca os tostões que o "patrão" se dispusesse a pagar.

Com Getúlio, os pobres do Brasil finalmente conquistaram o direito a um salário padronizado por lei, que não dependia mais do arbítrio e da "bondade" dos patrões. A pátria que Vinicius queria consolar não era a do *pai dos pobres*; era a pátria submetida à ditadura Vargas. Em 1949 o poeta não poderia imaginar que o pior ainda viria: o suicídio de Getúlio em 1954 e, após meros dez anos de democracia com Juscelino e Jango, o golpe militar destinado a durar mais de duas décadas, deixando atrás de si um rastro de mortos, desaparecidos políticos, sobreviventes traumatizados pela tortura.

E não choramos nós também, que continuamos aqui, com dó de nossa patriazinha? Não sentimos saudades do que já foi o Brasil? Não choramos por nossas esperanças perdidas, nosso projeto abortado de país menos desigual e mais alegre — dessa alegria que, para Oswald, era a "prova dos nove"? Não nos sentimos todos, de certa forma, duplamente exilados? Primeiro, porque não podemos ir ao encontro do Brasil, escondidos em casa pela quarentena. Estamos em estado de "Eu vi um Brasil na TV". Segundo porque, se saíssemos... nosso Brasil, como a Minas Gerais de Drummond, não há mais.

Hoje já não reconhecemos o Brasil. O maior país católico do mundo virou um país evangélico. Poderíamos nos consolar ao supor que a moralidade evangélica seja — deveria ser — mais exigente que a católica, na qual os piores pecados podem ser absolvidos ao preço barato de uma confissão, uma oferenda à Igreja e algumas penitências. Talvez nos beneficiássemos de um protestantismo empreendedor, como o que ajudou a desenvolver os Estados Unidos. Só que não estamos em tempos da ética protestante que impulsionou o capitalismo na América do Norte. O ramo pentecostal que domina não apenas o governo, mas uma parcela enorme do povo brasileiro, parece arremedar o programa *Topa tudo por dinheiro*, comandado por Sílvio Santos. Quanto maior a oferenda, maior a chance de ganhar uma vaga no reino dos céus. Quem já passou pelo Templo de Salomão na Zona Leste de São Paulo deve ter entendido que o dinheiro compra tudo, menos bom gosto. Mas se a intenção era impressionar pelo tamanho, o bispo Macedo conseguiu.

Entretanto, somos forçados a reconhecer o Brasil que há muitas décadas vem destruindo a Amazônia e o Cerrado. A devastação não é novidade. A abertura da Transamazônica durante o governo Médici, além de destruir milhares de quilômetros quadrados de mata virgem, usou de um desfolhante químico semelhante ao que os norte-americanos usaram no Vietná. Em depoimento à Comissão da Verdade, os indígenas mais velhos da etnia Waimiri-Atroari relataram que os aviões militares jogavam sobre as aldeias um pó amarelo que fazia cair todas as folhas das árvores e "queimava a gente por dentro". Em Roraima, os ianomâmis relataram à CNV que a BR-174 aberta em suas terras para entrada do garimpo e dos madeireiros trouxe epidemias contra as quais os indígenas não tinham defesas naturais. Além disso, a invasão dos "civilizados" exterminou e/ou afugentou a caça e os peixes, além de poluir com mercúrio as águas, até então cristalinas.

O pesadelo vivido por esses e muitos outros povos indígenas que tiveram suas terras demarcadas a partir da Constituição de 1988 acaba de voltar numa versão mais catastrófica, a das queimadas na Amazônia e no Cerrado, incentivadas pelo mandatário da nação. Este que, ao ver que o fumacê pegou mal no mundo inteiro, valeu-se de um expediente perverso: o de acusar os próprios sertanejos e indígenas pelos incêndios criminosos. Ninguém me convence de que o calor de quarenta graus que nos castiga desde as últimas semanas do inverno não tenha sido um dos efeitos deletérios dos tais "dias do fogo".

Prometi não falar mal do Brasil, mas não consegui. Estou na terceira página deste texto e até agora não fiz outra coisa. Mas insisto: o Brasil não é só isso. O Brasil é o padre Júlio Lancellotti, que arrisca a vida ao distribuir, todos os dias, alimento e agasalhos aos moradores de rua da Zona Leste de São Paulo, onde fica sua paróquia. Não, leitores: não são os moradores de rua que colocam em risco a vida do Padre Júlio. São os seguidores de um tal de "Mamãe, Falei" que já ameaçaram várias vezes o padre de morte. Vale apontar o paradoxo de um valentão que precisa desafiar a mamãe para incitar a violência e a maldade num país que não precisa de nenhum incentivo para isso.

O Brasil também são os 2 milhões de militantes do MST, que produzem alimentos sem agrotóxicos em seus assentamentos e ofereceram doze toneladas de arroz orgânico para distribuir entre pessoas famintas que perderam trabalho e moradia na crise produzida pela pandemia. Pela pandemia? Mais exato dizer: pelo descaso com que o atual governo tratou as populações vulneráveis, nesta pandemia.

O Brasil são os músicos do Brasil e os milhões de brasileiros que sabem de cor suas canções. Algumas, feitas sob medida para os dias de hoje. "Apesar de você" e "Cálice", de Chico Buarque. "Louvação (só para o que deve ser louvado)", de Gilberto Gil. "Clube da Esquina", de Milton Nascimento: "Noite chegou outra vez...". "Carcará", de João do Vale ("pega, mata e come!"). "Sinal fechado", de

Paulinho da Viola — o título, para nós, hoje, diz mais que os versos da canção. "Pra não dizer que não falei das flores", de Geraldo Vandré. "Terra", de Caetano Veloso ("Quando eu me encontrava preso na cela de uma cadeia...").

O Brasil são o *Grande sertão* de Guimarães Rosa e as *Memórias do cárcere* do valente Graciliano Ramos, que narra na melhor prosa do século XX o período em que ficou preso por ser comunista, durante a ditadura Vargas. O Brasil é "Passagem da noite", poema de quarenta versos de Carlos Drummond de Andrade, em que aos vinte primeiros ("É noite, sinto que é noite/ não porque a treva descesse [...] mas porque dentro de mim/ no fundo de mim, o grito/ se calou, fez-se desânimo") seguem-se outros vinte, exultantes e cheios de esperança ("Mas salve, dia que surge!/ E salve, olhar de alegria/os corpos saltam do sono/ o mundo se recompõe/ que gozo na bicicleta!").

E, pra não dizer que não falei do povo... o Brasil são as centenas de milhares de pessoas esperançosas que foram à Vila Euclides, em outubro do ano passado, saudar o presidente Lula que acabava de sair da prisão.

Viver juntos[1]
Olhar no olho do outro

Viver juntos é viver nas cidades. Não é viver em família, nem entre amigos. Viver juntos não é um problema da vida privada, mas da vida pública. Só a vida urbana nos obriga a conviver com uma multidão de desconhecidos; estamos permanentemente na dependência do contato com pessoas que não escolhemos.

O imperativo do amor cristão não resolve o problema da relação com o outro. O amor não pode ser objeto de uma lei. A lei do amor cristão pode ter sido um avanço civilizatório, mas ao longo da história provocou mais lutas fratricidas (em nome de Deus), do que alianças fraternas. Não posso ser obrigada a amar meu semelhante para conviver com ele.

A alternativa civilizada seria uma indiferença respeitosa. Talvez seja o único modo de suportar o excesso de contato com o outro. Mas a indiferença não pode ser completa. O preço de conviver com o desconhecido não pode ser o desconhecimento de sua existência. O outro é, bem ou mal, um semelhante. Aí reside seu valor, seu poder perturbador e, também, seu caráter problemático. Seu gozo é irmão do meu, embora ele não seja meu irmão. O que eu temo, na proximidade com o semelhante, é o mesmo que temo em mim. Por isso procuro não me reconhecer nele, para não reconhecer o mal em mim. Freud batizou esta intolerância de "narcisismo das pequenas diferenças". É por

---

[1] Adaptado da conferência "Viver entre dessemelhantes", proferida por Maria Rita Kehl, em 9 de outubro de 2006, na 27ª Bienal de São Paulo.

não querer me identificar com meu semelhante, naquilo que ele mais se parece comigo, que eu o discrimino.

Eu é um outro

O homem urbano é o homem comum. Para viver com ele de maneira minimamente solidária é preciso reconhecer que somos, todos nós, tão comuns quanto ele. Só assim, em minha banalidade pedestre, estarei disponível para perceber que tudo o que diz respeito a ele também diz respeito a mim.

Os que preferem circular blindados dizem que a vida nas ruas é violenta. Discordo. Andar pelas ruas, de preferência a pé, é um modo de evitar que o medo, cujo principal fundamento é a fantasia, nos torne violentos. Andar pelas ruas nos faz ver os outros de frente, de perto — às vezes, olho no olho. O que pode parecer clichê é na verdade condição de convívio: é necessário olhar nos olhos dos outros.

Emmanuel Lévinas insistiu muito nessa dimensão de reconhecimento do que se revela na face de qualquer desconhecido. O rosto do outro nos diz respeito: não é possível ficar indiferente ao que ele comunica. Por isso alguns preferem baixar os olhos diante de um olhar de súplica, de ódio ou de dor: olhar nos olhos do outro é arriscado, você pode se enxergar nesse olhar.

Por isso a vida nas ruas pode ser um antídoto contra a indiferença mortífera, que ignora o sofrimento do outro, repele tanto a semelhança quanto a alteridade.

O homem comum é o homem da cidade. Só existe porque existe a cidade. É na cidade que ele é "comum", anônimo, parte da multidão. É na cidade que ele é "qualquer um": um fulano de tal. Sua condição insignificante é cem por cento urbana: é a condição do cidadão substituível, diluído entre pares, humilde, pedestre. A cidade é mais forte que ele, existe através dele, é sua extensão.

Mas é na cidade que o homem comum se reconhece. A cidade é sua história, sua testemunha, sua referência cotidiana. A cada um desses anônimos, aparentemente iguais, circulando pelos mesmos espaços, corresponde uma cidade íntima, particular. São Paulo são 12 milhões de cidades, 12 milhões de mapas sentimentais recortados pelas pequenas histórias de vida de seus habitantes. Cada homem comum tem a cidade que seus passos percorreram e que sua imaginação inventou. Cada homem comum possui secretamente, na imensidão esmagadora da cidade, os nichos que acolhem suas lembranças:

memórias do vivido, fragmentos da precária identidade que o homem urbano consegue constituir.

Verdade que a cidade é traiçoeira. A casa da infância caiu, construíram um prédio no lugar; o colégio fechou, o campinho onde em criança ele jogava bola virou um estacionamento cimentado e a prefeitura derrubou a árvore da esquina, comida pelos cupins. O homem comum mudou de bairro uma, duas, dez vezes. A cada vez teve que reaprender as rotas dos ônibus, recalcular o tempo e as distâncias da casa para o trabalho, descobrir a melhor padaria onde comprar pão quentinho ou tomar o pingado da manhã. A cada vez teve que se readaptar aos vizinhos, anônimos como ele, na tentativa de fazer novos amigos. A cada vez teve que descobrir a que vizinhos vale a pena dirigir um tímido "bom dia", ou para que time torce o grupo de cervejeiros que se reúne domingo, no bar.

Novo endereço

Fabio Weintraub

Outra janela enquadra a rua:/ barulho de carros, pessoas/ No armário novo/ outra porta se fecha/ sobre a velha camisa/ (virei o colarinho).

Sobre o sono leve/ outra lâmpada se apaga/ De outra torneira/ sai a água para o copo/ no pires com analgésico.

Há uma dor qualquer de novidade/ um cheiro ruim misturado/ ao de tinta nova.// A porta do elevador se abre/ para a senhora de maiô e chapéu panamá/ O zelador bebe durante o expediente/ e na esquina contígua/ o amolador de facas/ oferece seus préstimos/ toda quinta-feira.

Já perdi o fio:/ o rude esmeril/ lambe-me o metal/ sem fagulha ou giro.

O homem que muda de endereço percebe que não morava na cidade: morava em uma pequena parte dela. O que é que unifica a cidade em torno de seus habitantes parciais? O que é que faz de São Paulo, por exemplo, uma cidade compartilhada, com características comuns entre todos os seus 12 milhões de habitantes?

É o imaginário urbano. A música, a literatura, a poesia.

Não só do cotidiano banal se alimenta a existência do homem comum. A cidade que o habita não é somente a dos pequenos circuitos do dia a dia; muito além desses, a cidade tem uma história. Tem um passado do qual resultou uma linguagem própria, ainda que impossível de sintetizar. Do ponto de vista do homem comum, que cidade é mais real: a das ruas, praças e prédios que ele percorre e vê todos os dias, ou a cidade inconsciente que vive nele sem que ele perceba?

104 | Tempo esquisito

O homem comum não ganha transcendência por si só. Para se perceber como universal, cidadão de um mundo muito maior que o circuito de quarteirões que percorre todos os dias, ele se apropria de alguma identidade através da palavra dos poetas e dos cantores populares, que fazem sua "mais completa tradução". Só eles permitem que o inconsciente da cidade e de seus habitantes infames ganhe voz, contorno, imagem.

Existe uma cidade recalcada, sim. Cidade das histórias que ninguém contou, ou que ficaram esquecidas. Cidade das casas demolidas, da memória destruída, das referências perdidas, evocadas pelos enigmáticos nomes dos lugares: Consolação, Liberdade, Paraíso. Ladeira da Memória. Largo da Pólvora, Largo da Batata. A cidade recalcada é a história calada de suas populações: das migrações, das lutas cotidianas, dos conflitos políticos, greves, passeatas, manifestações permitidas ou reprimidas. Uma cidade esquecida, tanto quanto são esquecidos seus habitantes "infames". São homens, mulheres e crianças que ninguém vê, embora tenham suas vidas e suas casas, a contragosto, exibidas nas calçadas. Colchões úmidos, cobertores velhos, fogões sem gás, malas de roupas, caixas com cadernos e livros escolares — agora em desuso. A cidade recalcada guarda o segredo de alguns banhos de sangue, injustiças, sofrimentos solitários e coletivos. E, também, de alguns dias lindos, algumas vitórias felizes, protestos e celebrações coletivos, momentos compartilhados.

Os poetas, os cantores que amam a cidade, são responsáveis pela criação do espaço imaginário onde podemos conviver em paz. Aí vão alguns deles.

Lira paulistana

Mário de Andrade

Quando eu morrer quero ficar/ Não contem aos meus inimigos/ Sepultado na minha cidade,/ Saudade.// Meus pés enterrem na rua Aurora,/ no Paiçandu deixem meu sexo,/ Na Lopes Chaves a cabeça/ Esqueçam.// No Pátio do Colégio afundem/ O meu coração paulistano:/ Um coração vivo e um defunto/ Bem juntos.// Escondam no Correio o ouvido/ Direito, o esquerdo nos Telégrafos,/ Quero saber da vida alheia,/ Sereia.// O nariz, guardem nos rosais,/ A língua no alto do Ipiranga/ Para cantar a liberdade./ Saudade...// Os olhos no Jaraguá/ Assistirão ao que há de vir,/ O joelho na Universidade,/ Saudade...// As mãos atirem por aí,/ Que desvivam como viveram,/ As tripas atirem pro Diabo,/ Que o espírito será de Deus./ Adeus.

Mário de Andrade enumera os bairros (hoje, antigos) de São Paulo, por onde seu corpo (isto é, sua memória) deve se espalhar depois de sua morte. Bela maneira de unificar a cidade, de guardá-la na linguagem como um grande corpo querido, o corpo urbano misturado ao corpo do poeta.

Mistura que nem sempre é tão doce quanto a do poema "Lira paulistana". A cidade também pode contaminar o corpo, que adoece com os males urbanos.

A cidade no corpo

Donizete Galvão

A cidade perfura/ o corpo/ até a medula.// Contamina os ossos/ com seus crimes./ Bica o fígado,/ pesa sobre os rins./ Imprime seu labirinto de cinzas/ na árvore dos pulmões./ A cidade finca raízes/ no espaço das clavículas. Esta cidade: minha cela./ Habita em mim/ sem que eu habite nela.

Nas ruas ladeadas por imensos outdoors, quem tem nome, quem tem existência pública, são as marcas — não os homens. As marcas mudam todas as semanas, mas isso não faz diferença — seu apelo é sempre o mesmo. Elas apelam para que o homem comum esqueça a dimensão pública de sua existência e marque presença através das roupas que veste, do carro que dirige, da cerveja que bebe, do cigarro, do tênis, do shopping que frequenta. Sendo assim, o homem comum mal existe: ou ele desaparece debaixo das marcas que o tornam igual a todos os consumidores, ou sente-se invisível porque não pode comprá-las.

Se o cidadão anônimo, testemunha da existência da cidade que vive no inconsciente de seus habitantes, não tem existência pública, onde se manifesta a cidade que o tempo e a "força da grana que ergue e destrói coisas belas" (Caetano) soterraram? E vice-versa: se a cidade só existe plenamente no esquecimento do homem comum, em que espelho ele há de reconhecer seu rosto, seu passado, sua discreta presença no mundo?

Canção do beco

Manuel Bandeira

Beco que cantei num dístico/ Cheio de elipses mentais,/ Beco das minhas tristezas,/ Das minhas perplexidades/ (Mas também dos meus amores,/ Dos meus beijos, dos meus sonhos),/ Adeus, para nunca mais!// Vão demolir esta casa./ Mas meu quarto vai ficar,/ não como forma imperfeita/ Neste mundo de aparências:/ Vai ficar na eternidade,/ Com seus livros, com seus quadros,/ Intacto, suspenso no ar!//

As cidades são o reino da fugacidade. Tudo passa depressa demais, corroendo as representações imaginárias da continuidade da existência. Contra o sentimento angustiante da transitoriedade, os homens dispõem de dois recursos: de um lado há os que apostam na eternidade de Deus. De outro, os que buscam deter o instante fugaz na criação estética.

O poema de Manuel Bandeira canta o desaparecimento de um cenário afetivo, capítulo da história do autor. Mas ao cantar a destruição do beco, Bandeira o eterniza na linguagem. Faz o itinerário do beco à casa e da casa ao quarto, espaço do amor e da intimidade do poeta.

Mas não nos enganemos: o poeta não é o homem comum. É quem lhe dá existência simbólica, existência em palavras e em memória. Sem o poeta, quem atestaria a existência dos anônimos de todas as multidões urbanas? Quem daria voz e significado a essas "vidas infames", passageiras, insignificantes? A poesia moderna canta a existência do homem comum. É poesia das coisas, dos instantes fugidios, da transitoriedade e da imanência. Nostalgia do passado recentíssimo, pois na cidade as coisas duram menos que a biografia dos seus habitantes.

Estamos falando da cidade como espelho fragmentado, que devolve ao homem comum um pouco de sua identidade e de sua memória. Mas a cidade veloz, atordoante, inquieta e semiconsciente de si mesma é também aquela que permite ao seu habitante... esquecer-se. No tumulto das ruas, o homem comum experimenta a possibilidade de libertar-se um pouco das lembranças que o prendem a si mesmo e viver a vida como se fosse um outro.

O excesso de memória pode ser um fardo. O homem urbano, que vê a cidade ser destruída e reconstruída todos os dias, que perde sua cidade e com isso perde fragmentos do espelho onde tenta se reconhecer, estará condenado a lembrar, a rememorar e a ter saudades? Às vezes o esquecimento pode ser uma bênção. A versão mais contemporânea da cidade talvez seja essa: é o espaço onde o homem obtém a suprema graça de se esquecer e de se perder. É na cidade que o homem comum pode se entregar ao fluxo dos dias, desapegado de si. O poeta e seus amigos, expulsos do beco, da casa demolida, da "saudosa maloca", foram dormir "nas grama dos jardins" — e cantam não para lembrar-se, mas para esquecer. Se a cidade é a casa do homem comum, seus verdadeiros proprietários são os que vivem ao desabrigo; são os mais insignificantes dos homens comuns: os que sobraram, que a cidade não abrigou.

Voltemos a nosso cidadão comum que mudou de endereço. Pode ter acontecido algo bem pior: o homem perdeu o emprego, o senhorio aumentou o aluguel, na casa da sogra não tinha lugar para a família toda e ele foi viver num barraco, na favela. Mas um dia a favela também foi despejada do último pedaço da cidade que ainda acolhia, bem ou mal, os que sobraram.

Tomo a liberdade de, em vez de um poema, inserir aqui um samba de Adoniran Barbosa, "Ordem de despejo":

Quando o oficial de justiça chegou/ Lá na favela e, contra seu desejo/ Entregou pra seu Narciso/ Um aviso, uma ordem de despejo// Assinada, seu doutor/ Assim dizia a petição/ Dentro de dez dias quero a favela vazia/ E os barracos todos no chão// É uma ordem superior/ Oh, oh, oh, oh, meu senhor/ É uma ordem superior/ Oh, oh, oh, oh, meu senhor/ É uma ordem superior// Não tem nada, não, seu doutor, não tem nada, não/ Amanhá mesmo vou deixar meu barracão/ Não tem nada, não, seu doutor/ Vou sair daqui pra não ouvir o ronco do trator// Pra mim não tem problema/ Em qualquer canto me arrumo/ De qualquer jeito me ajeito/ Depois o que eu tenho é tão pouco// Minha mudança é tão pequena/ Que cabe no bolso de trás/ Mas essa gente aí, hein, como é que faz?/ Mas essa gente aí, hein, como é que faz?// Oh, oh, oh, oh, meu senhor/ Essa gente aí como é que faz?/ Oh, oh, oh, oh, meu senhor/ Essa gente aí como é que faz?/ Oh, oh, oh, oh, meu senhor/ Essa gente aí

Nosso homem comum despejado da favela ainda tentou viver em um edifício abandonado, onde há muitos anos não mora ninguém. O dono nunca pagou o IPTU, nunca fez uso do prédio, esperou a especulação imobiliária valorizá-lo para vender bem. Quando viu sua propriedade ocupada, o dono do prédio entrou na Justiça e conseguiu expulsar os moradores. Foi o último capítulo da história desse nosso semelhante, o homem urbano comum: virou um resto, uma sobra da cidade, um morador de rua.

"Seu Nicanor", do samba de Adoniran, pergunta pelos companheiros de favela: "Mas essa gente aí, como é que faz?".

Para ele não tem problema, mas ele se preocupa com os outros. Será que a solução para o problema dos que sobraram, na cidade privatizada, é só deles? Ou será um problema da cidade toda, portanto um problema nosso? Pensar em estratégias para abrigar com dignidade esses que sobraram, que ficaram sem lugar na cidade, também é pensar em nós: em que cidade queremos viver?

A rua como morada

Encerro essas considerações com a canção "Inverno", de José Miguel Wisnik, em homenagem a todos os sem-teto, paulistanos e do mundo inteiro.

A minha casa é uma caixa de papelão ao relento/ brasa dormida contra o vento/ semente plantada no cimento/ criança na calçada

A minha casa é geladeira, é televisão sem nada dentro/ fogo que se alimenta do seu próprio alimento/ corpo com corpo dando alento/ pra campanha do agasalho//

O meu cenário é a fria luz da madrugada/ dando espetáculo por nada/ calçada da infâmia iluminada/ pela Eletropaulo

A minha casa é maloca plantada no futuro/ / osso duro, osso duro que ninguém/ há de roer

A minha casa é o céu e o chão caroço bruto/ catado no chão do viaduto / dando pro Anhangabaú da felicidade

Tupã, Deus do Brasil/ que o céu enche de luz/ de estrelas, de luar e de esperança

Ah, Tupã, tira de mim essa saudade...

Ah, Anhangabaú/ da felicidade

Duas Sinhás[1]

> Não haverá Nação enquanto as sequelas do escravismo, que afetaram os antigos agentes do trabalho escravo e seus descendentes ditos "brancos pobres livres", não forem definitivamente superadas e absorvidas.[2]
>
> **Florestan Fernandes**

A Chão editora foi criada em 2018 por Beatriz Bracher e Marta García com o intuito de apresentar aos leitores relatos de pessoas anônimas que revelam muito da história da vida privada no Brasil. Entre eles se encontram depoimentos e biografias de interessantes personagens femininas do século XIX. O primeiro desses foi a biografia de Jovita Alves Feitosa, cearense, mulata e sonhadora: saiu de Teresina, para vir lutar como voluntária na Guerra do Paraguai.

Recentemente foram lançados os livros de memórias de duas fazendeiras paulistanas: *Dias ensolarados no Paraizo*, de Brazilia Oliveira, e *Páginas de recordações*, de Floriza Barboza Ferraz.

Nenhum dos livros foi escrito em forma de diário. São reconstituições da infância e da adolescência das autoras, escritas na idade adulta. Sabemos que aquele que recorda preenche as lacunas das lembranças com fragmentos de memórias inventadas. Mesmo assim, a precisão de detalhes dessas duas memorialistas indica, a meu ver, que o tempo que transcorre lentamente, característico da vida em fazendas ou cidades pequenas (mais lento ainda nas aldeias indígenas), permite uma fixação muito mais detalhada e consolidada do vivido. Este se recupera e se fixa na memória ao ser transmitido a outras pessoas na forma que Walter Benjamin batizou como *narrativas*. Nos dois textos que Benjamin consagrou ao

---

[1] Publicado na revista *Quatro Cinco Um*, nov. 2020.

[2] Florestan Fernandes, *Significado do protesto negro* (São Paulo, Expressão Popular, 2017), p. 65.

tema[3], a transmissão do vivido na forma de narrativas é característica da cultura oral, em que o viajante que passa de aldeia em aldeia tem sempre uma história para contar sobre o que viu e ouviu durante o caminho.

Aqui, o que temos é um pouco diferente disso: ao final de um longo percurso de vida, essas mulheres sentem necessidade de registrar o vivido. A grande quantidade de detalhes, mesmo que em parte possam ser *memórias inventadas,* atesta a hipótese de Walter Benjamin de que as narrativas se consolidavam no "tempo em que o tempo não contava". Pois este também é o tempo que transcorria lento, no final do século XIX, pelos interiores de São Paulo — um Estado que só se urbanizou com a industrialização, já no século XX. Mas que era rico muito antes disso graças, principalmente, ao café; este que quase até o século XX foi plantado, colhido, selecionado e torrado por mãos de escravos.

O livro editado a partir das memórias de Brazilia Oliveira tem o título idílico de *Dias ensolarados no Paraizo*[4]; já o título do livro de Floriza Barboza Ferraz é mais sóbrio. Ele se chama apenas *Páginas de recordações.* Vale observar que a desenvoltura da escrita dessas duas mulheres muito bem alfabetizadas é notável. Só que o estilo de Brazilia é melhor. Floriza tem, por exemplo, o hábito de espalhar vírgulas por onde não deveriam estar. "E, teriam caído n'água se os marinheiros não os acudissem a tempo"[5]. Ou de trocar o lugar na frase onde caberia a vírgula: "Mas, em compensação, os meus pais, e irmãos não deixavam de ir visitar-nos"[6].

Paraizo

A família de Brazilia carrega, em suas origens, o DNA da estirpe dos chamados "barões do café". Observe-se que o título de nobreza, no Brasil oitocentista, não passa do arremedo, por parte da oligarquia cafeeira, do pertencimento a uma realeza que ao final do XIX tinha seus dias contados. Não por acaso, aliás, a

---

[3] Walter Benjamin, "O narrador: considerações sobre a obra de Nikolai Leskov" e "Experiência e pobreza", em *Obras escolhidas: magia e técnica, arte e política* (São Paulo, Brasiliense, 1996), p. 197-221; 114-19.

[4] Este é o nome da fazenda em que morou com a família.

[5] Floriza Barboza Ferraz, *Páginas de recordações: memórias* (São Paulo, Chão, 2020), p. 155.

[6] Ibidem, p. 135.

monarquia luso-brasileira não resiste ao fim da escravidão; a República é proclamada no ano seguinte ao da Abolição.

Brazilia nasceu um ano antes da abolição da escravidão. Ela e seus irmãos aprenderam a ler com a mãe. Depois tiveram professora particular alemã, Fraulein Walsman, que passava grandes períodos na fazenda a dar aulas de línguas, piano, aritmética... talvez com o intuito de que as meninas, que não precisariam de nenhuma formação profissional, se tornassem esposas mais interessantes na vida adulta. Brazilia foi feliz na fazenda; era moleca — e livre. O ambiente familiar, apesar das regras rígidas impostas pelo pai (especialmente para as meninas), era alegre. Não faltavam visitas de parentes à fazenda; com a precariedade dos meios de comunicação, quase todas apareciam de surpresa, para grande alegria da autora, então menina.

Paraizo (grafia da época) é o nome da fazenda onde a autora nasceu e passou a infância. À custa do trabalho escravo a família de Brazilia enriqueceu com o cultivo de café. O leitor é informado de que, depois da Abolição, muitos cativos tiveram a sorte de continuar a trabalhar no Paraizo.

Sorte, sim. O fim da escravidão, aqui, não se fez acompanhar de nenhuma política de reparação para os cativos recém-libertos. Se, em alguns estados do Sul dos Estados Unidos, as famílias de ex-escravos recebiam do governo um pedaço de terra e um animal de tração para começar a vida[7], no Brasil milhares de descendentes de africanos, que não vieram para cá a passeio, foram despejados nas ruas sem nenhuma perspectiva de sustento. O fazendeiro que explorava a mão de obra gratuita de quinhentos africanos com a Abolição manda embora quatrocentos e passa a explorar ainda mais o trabalho dos cem, ou cinquenta, aos quais pagará salários de fome.

Os descendentes de africanos passaram a partir daí a integrar a legião dos sem teto, sem trabalho e sem direitos, formada pelos pobres no começo do século XX. Daí se entende a quase inexistência de afrodescendentes entre as classes médias brasileiras. Daí, também, se constrói a associação perversa, não tão ultrapassada quanto deveria, entre "negro" e "vagabundo".

Aos olhos da menina moça, os trabalhadores da fazenda não eram maltratados pelos seus "proprietários". A autora memorialista não se dá conta de que os negros eram submetidos ao estilo de dominação que o historiador Sérgio Buarque

---

[7] Observe-se que a produtora do cineasta Spike Lee se chama Three acres and a mule, uma alusão à reparação concedida a seus antepassados. Como se nos dissesse: por conta desses três alqueires

de Holanda classificou como *cordial*[8]. Dominação essa que, mais tarde, seu filho Chico expressou com ironia em um verso de seu "Fado tropical": "Sabe, no fundo sou um sentimental. Enquanto minhas mãos estão ocupadas em matar, em torturar... meu coração, sinceramente, chora".

A alusão à brutalidade do português, no verso de Chico, não é estranha à experiência de Brazilia. Vez por outra, algum escravo fugia. Ou se rebelava. Era castigado no "tronco". A negra Francisca derrubou leite no chão "de propósito" e levou chicotadas.

Por outro lado, em suas lembranças de menina-sinhá, Brazilia emprega com muita frequência a palavra *doçura* ao se referir ao ambiente familiar, ao carinho dos pais, às brincadeiras com os irmãos. A vida familiar que ela evoca justifica a palavra, que não se aplicava ao trato com os africanos. Os contratempos ficavam por conta dos inúmeros episódios de doenças, graves como o sarampo e a catapora, ou infecções causadas por feridas antes da chegada da penicilina, que acometiam as crianças da família e se alastravam entre os escravizados, matando muitos deles.

Na outra ponta da doçura familiar, Brazilia relata a alegria inesperada dos negros, nas festas da fazenda das quais eram autorizados a participar. Ali se revela a grande influência da cultura africana, trazida para cá junto com os cativos. Até nisso — com seus ritmos e ritos — os africanos contribuíram para enriquecer, e muito, a cultura brasileira que seria bem mais melancólica se dependesse apenas da influência portuguesa. As festas no Paraizo, além da fartura de comida, ofereciam um retrato do sincretismo tropical: contavam com baile, samba, congada e com a alegria dos negros. Em outra passagem a autora conta da cozinheira, a "preta Delfina", que ganhava um cálice de cachaça ao terminar o trabalho... "Depois disso ia gingando e requebrando para o seu quarto."

Alguns escravos domésticos se tornavam, mesmo depois da Abolição, "quase da família". A intimidade dos escravos *de dentro de casa* com as crianças que

---

8   Sérgio Buarque de Holanda, *Raízes do Brasil* (São Paulo, Companhia das Letras, 1998), p.141--51. A palavra "cordial", aqui, não indica atitudes mais justas ou menos violentas por parte dos proprietários dos africanos forçados a trabalhar em suas terras. Indica, para Buarque de Holanda, um modo de dominação mais eficaz do que a mera brutalidade. "Nenhum homem está mais distante dessa noção ritualista da vida do que o brasileiro. Nossa forma de convívio social é, no fundo, justamente o contrário da polidez. Ela pode iludir na aparência — e isto se explica pelo fato de a atitude polida consistir precisamente numa espécie de mímica deliberada de manifestações que são espontâneas no 'homem cordial': é a forma natural e viva que se converteu em fórmula." Ibidem, p. 147.

ajudavam a criar é relatada com muita sensibilidade em uma página escrita por Luiz Felipe de Alencastro no volume 2 da *História da vida privada no Brasil*. O autor analisa a fotografia em que uma senhora negra, vestida como quem quer sair bem na foto, aparece ao lado de um menino pequeno, branco, do qual ela certamente é ou foi ama de leite. A criança se apoia na mulher negra, segurando seu braço. Alencastro observa a intimidade do menino com a escrava e o modo de segurar seu braço como sinais de que, para o menino, a escrava era "coisa sua". E conclui: "Quase todo o Brasil cabe nessa foto"[10].

Mas a condescendência da família de Brazilia com os africanos não implicava nenhum reconhecimento de igualdade entre eles e os brancos. Era apenas sinal de que a família Oliveira tinha "bom coração". Ao ir embora da fazenda para viver em Capivari, a negra Delfina presenteou Brazilia com um bauzinho, um santo e algumas roupas. A autora não valorizou nem um pouco aqueles presentes, pois na sequência afirma que não se lembra "o que fez deles...".

Fazenda da Pitanga

Floriza Barbosa Ferraz, autora de *Páginas de recordações*, não conheceu vida mansa. Nasceu em 1847 — bem antes da Abolição, portanto. A Fazenda da Pitanga, perto de São Carlos, no interior paulista, cresceu à custa do trabalho escravo. A moça observa que os descendentes de africanos dormiam em uma área trancada a cadeado, cercada de muros altos rodeados de cães fila. "Como os das cadeias públicas."

> um quarto pequeno, escuro, com armadilhas no assoalho onde ficavam presos pelos pés a espera de outros castigos como o bacalhau, a palmatória, etc. Nunca vimos o tal quarto dos castigos, mas ouvíamos contar como ele era, e *mesmo assim* nos impressionávamos e tínhamos dó dos negros.[11]

As camas dos negros eram feitas de ripas de coqueiro ou colchões de palha rasgada. Mas a sensibilidade da criança em relação às péssimas condições em que

---

[9] Luiz Felipe Alencastro e Maria Luiza Renaux, "Caras e modos dos migrantes e imigrantes", em Luiz Felipe Alencastro (org.), *História da vida privada no Brasil*, vol. 2 (São Paulo, Companhia das Letras, 1997).

[10] Ibidem, p. 340.

[11] Floriza Barboza Ferraz, *Páginas de recordações: memórias*, cit., p. 11 (grifo meu).

viviam os africanos escravizados está, inevitavelmente, permeada de comentários racistas. Ao relatar o fato de que alguns africanos se arriscavam a roubar o café nos terreiros, qualifica-os como "viciados". O castigo era o famoso "tronco"[12].

Quando o filho de um dos irmãos mais velhos de Floriza ficava entediado... um moleque encarregado de fazê-lo dormir durante o dia passava pela sala com ele montado em suas costas, a caminho da cama[13].

Levar crianças "na garupa" não é uma brincadeira rara nas famílias. O que chama nossa atenção é a atribuição do "moleque" encarregado dessa que é uma das tarefas mais leves para os pais — fazer a criança dormir. Não é apenas um detalhe o fato de que esse moleque anônimo o fizesse bancando a montaria do pequeno.

Os Ferraz, no início da vida na fazenda, não eram tão ricos a ponto de comprar uma tal quantidade de escravos que pudesse dispensá-los de uma parte do trabalho pesado. O pai de Floriza, assim como mais tarde os irmãos, também participava do trabalho duro de plantar e colher café, assim como de tentar proteger a plantação dos estragos da geada e das muitas pragas que assolavam o interior paulista. Mas apesar das pragas, de algumas perdas de colheitas, das doenças que dizimavam famílias inteiras de serviçais e colocavam a família dos proprietários em risco, a vida parecia amena aos olhos da menina, e depois da moça, autora dessas memórias. A liberdade que a vida na fazenda lhe concedia enriqueceu, com a narrativa de suas ousadias de moleca, o relato do que poderia ser o perfil de uma recatada "sinhazinha": a menina-moleca subia em árvores, pescava no regato, montava a cavalo e saía a correr pelas estradas.

Nota-se uma boa dose de doçura na escrita dessas lembranças. Floriza recupera (ou nunca perdeu?) a ingenuidade da infância ao contar dos baldinhos que improvisava com cabaças de cidra, do balanço amarrado na amoreira, das festas juninas e outras celebrações que ocorriam na fazenda. Conta com carinho e sem surpresa sobre a ama de leite que conseguia alimentar seu irmãozinho e depois (só depois), o próprio filho. Observa que essa pajem era "preta, mas muito limpa...".

Assim como Brazilia, Floriza não correspondia ao perfil recatado e tímido das moças de seu tempo. A vida na fazenda lhe proporcionava liberdade e coragem, estranhas às meninas da cidade. Ao encontrar uma cascavel na plantação de

---

[12] Ibidem, p. 10.

[13] Ibidem, p. 65.

abacaxis, por exemplo, a menina prendeu a cobra venenosa dentro de um caixo-tinho, para em seguida enviá-la para o Butantã, em São Paulo.

A produção dos cafezais permitiu que os filhos de Antônio e Ambrozina Ferraz estudassem em boas escolas na cidade próxima, Campinas — que, até o começo da industrialização, era muito mais importante e mais rica do que a vila de São Paulo, por conta de suas fazendas de café. Mas Floriza não se importava apenas com sua prole.

> Os nossos colonos também eram beneficiados com as frutas do meu pomar. Não podendo fornecer-lhes a quantidade que desejavam, fazia-lhes um preço mínimo e a concorrência era grande.[14]

Mais tarde, a fazenda da Pitanga substituiu a mão de obra africana pelo trabalho remunerado dos imigrantes que fugiam da fome na Itália no final do século XIX.

Ao final do livro, Floriza dedica vinte páginas a enumerar pessoas próximas da família, na fazenda do Engenho. Tios e primos, comendadores, visitas impor-tantes. A seguir recorda, "com saudade e gratidão", os colonos mais antigos da fazenda. Conta, em algumas linhas, a história de cada um. Entre eles, apenas um "casal de pretos [...] muito bons e cumpridores de seus deveres".

E termina com "Uma observação justa":

> Tivemos além dessas famílias de colonos, muitas outras as sucedendo, as quais não consegui gravar na memória como as primeiras, com quem convivemos e sofre-mos as primeiras lutas na formação da fazenda do Engenho. E vimos com satisfação que, quase todas essas famílias, conseguiram fazer o seu pecúlio com o seu trabalho honesto[15].

Ao se casar, Floriza e o marido recomeçaram de baixo para transformar a pequena propriedade da família em uma fazenda próspera.

Os relatos de Floriza e Brazilia terminam da mesma forma: o último grande evento contado por elas são seus casamentos, com moços de *boas famílias* bem aceitos por seus pais e desde já, por causa de suas origens, muito bem colocados na vida. Tanto uma quanto outra declaram, não sem certa candura, terem sido muito felizes na companhia de seus digníssimos maridos.

---

[14] Ibidem, p. 197.

[15] Ibidem, p. 238.

Bacurau, Aquarius e *O som ao redor*[1]

Não é um cineasta fácil, Kleber Mendonça Filho. Estreou com uma série de curtas geniais. Entre eles destaco *Recife frio* (2009), uma provocação sobre o sonho dos pernambucanos de viver em um clima europeu.

Bacurau é seu terceiro longa. O primeiro dessa série foi *O som ao redor* (2015). O melhor, a meu ver. O mais sutil. E o mais radical. Os protagonistas são o vigia noturno de uma rua na praia de Boa Viagem; um senhor muito rico e arrogante, proprietário de um apartamento duplex; e seu neto, dividido entre o conforto proporcionado pelo dinheiro da família e a má consciência do estudante progressista. Parece que nada está acontecendo, mas o filme é tenso. O mal-estar da namorada do neto em visita à fazenda da família começa a desequilibrar o marasmo; a cena do banho de cachoeira que se transforma (alegoricamente) em banho de sangue pode ser considerada uma referência explícita demais ao passado escravocrata da chamada "aristocracia rural" do Nordeste. Mas não se pode dizer que seja exagerada.

No final do filme, cuja tensão (o "som" ao redor de tudo) parece inexplicável, o vigia da rua (Irandhir Santos) é chamado ao apartamento do patrão para esclarecer algum suposto descuido em sua função. O clima é pesado. O último comentário do vigia, entre dentes — "por causa de uma cerca..." — revela a

---

[1] Publicado na revista *Quatro Cinco Um*, out. 2019.

vendeta que se anuncia. A câmera deixa o ambiente. Ouve-se um tiro. Caem os créditos. Quem matou quem?

A chave para a compreensão desse desfecho está entre as fotos que desfilam rapidamente na abertura do filme. Uma delas é a famosa foto de um grupo de camponeses magérrimos portando suas foices, na década de 1960. Trata-se de uma grande manifestação de membros das Ligas Camponesas que se dirigiram a Recife para reivindicar a reforma agrária, durante o governo de Miguel Arraes (este, progressista, exilou-se com a família na Argélia depois do golpe de 64). Uma das maldades que os fazendeiros faziam contra os posseiros que plantavam na beira dos córregos era cortar as cercas que protegiam suas roças. O gado entrava e destruía a horta. O fazendeiro avançava a cerca e tomava a terra. Assim se faziam/fazem grandes fortunas de famílias que depois se tornam tradicionais. "Por uma cerca..."

Depois veio *Aquarius*. O edifício antigo existe no bairro do Pina (na ponta esquerda da Boa Viagem, para quem olha o mar) e se chama Oceania. O tema da especulação imobiliária se explicita através da personagem "fora de moda" representada por Sônia Braga. Envelhecida e fiel a seus hábitos *meiaoito* — que incluem a liberdade sexual na terceira idade — ela se recusa a sair do apartamento no pequeno prédio em que mora desde jovem, apesar das mais diversas formas de pressão (algumas radicalmente psicopáticas) dos representantes da construtora. Vale lembrar que, na Boa Viagem, alguns terrenos na faixa atrás da praia ficavam abaixo do nível do mar. Numa área pantanosa do Pina existia uma favela chamada Brasília Teimosa; no governo Lula, o lamaçal foi aterrado e a favela substituída por um modesto conjunto habitacional chamado Brasília Formosa.

Então, Kleber Mendonça fez *Bacurau*. Premiado e aplaudido de pé em Cannes, foi aguardado com ansiedade por aqui. E quase ninguém entendeu. É um Tarantino brasileiro? É uma apelação à violência para enfim fazer grandes bilheterias? Se foi, deu certo. Mas discordo dessa crítica.

O tema de *Bacurau* é o mesmo dos outros dois filmes. A luta pela terra, rural ou urbana. E pelas riquezas da terra. Interesses do capital tentando se sobrepor a vidinhas modestas. A vila de Bacurau — que "não está no mapa" — representa, ao mesmo tempo, o abandono do interior do Brasil e uma espécie de amostragem alegórica de tipos que gostaríamos de ver em todos os lugares: o professor dedicado (Wilson Rabelo), a médica que trabalha a sério em condições precárias (Sônia Braga), o padre compreensivo. Do outro lado, os *malvados*. Muito atuais, por sinal, em se tratando (ainda!) da disputa pela terra. O personagem Michael, líder da gangue mortífera que quer se apossar das minas de Bacurau, é interpretado pelo ator

Bacurau, *Aquarius* e *O som ao redor* | 119

alemão Udo Kier. Pessoas começam a desaparecer; seus cadáveres são depois desovados em algum lugar da cidade.

A *solução final* (inventada pelos que estão, na perspectiva do espectador, "do lado do bem") é catártica. Justifica os aplausos. Talvez a catarse final dificulte a percepção de que o desfecho do filme é também revelador do desencanto, do beco sem saída em que o Brasil se encontra. Para derrotar os maus, representantes de interesses estrangeiros, os moradores de Bacurau apelam para a gangue dos traficantes chefiados por Lunga (Silvero Pereira). O filme termina em matança tarantinesca, que resulta na vitória do bem (os habitantes de Bacurau) contra o mal (os interesses estrangeiros). Ou talvez não. Talvez a força de *Bacurau* não resida — ou pelo menos não só — no conforto imaginário que nos restitui ao final, assim que descem os créditos. Depois disso, o mal-estar persiste.

Talvez Kleber Mendonça tenha conseguido fazer (como antes dele, Glauber Rocha) uma grande alegoria do Brasil. Pois bem: a alegoria, que os brasileiros se habituaram a associar com o Carnaval, situa-se no mesmo campo da melancolia. Walter Benjamin, em sua tese de doutoramento, desenvolve essa relação entre alegoria e melancolia. A explicação seria longa para esta resenha, mas vale esclarecer que a alegoria não responde ao imaginário e sim ao campo simbólico — daí a aparente "ausência de vida", em suas imagens visualmente ricas, mas estáticas. Anos depois, em sua magnífica série de crônicas sobre Paris ("A capital do século XIX"), Benjamin inclui um capítulo sobre Baudelaire, o último dos poetas românticos, o primeiro poeta moderno. Encontramos em "Le Cygne" ("O cisne") a seguinte passagem:

> Paris muda! mas não minha melancolia!
> Velhos bairros, palácios novos, quarteirões,
> Andaimes, para mim tudo é alegoria,
> E mais que rochas pesam-me as recordações.[2]

A alusão ao poeta canônico da língua francesa e à destruição da velha Paris pela reforma empreendida por Haussmann, o arquiteto de Napoleão III, parece deslocada no cenário de *Bacurau*. Só que não. Tanto na "capital do século XIX" quanto, dois séculos adiante, na vila fictícia que não consta no mapa, a destruição é movida por interesses semelhantes; como semelhante é a melancolia produzida

---

[2] Charles Baudelaire, "O cisne", em *Flores do mal* (trad. Júlio Castañon Guimarães, São Paulo, Companhia das Letras, 2019), p. 272-7.

por aqueles que não se reconhecem na paisagem destruída e reconstruída pela "força da grana que ergue e destrói coisas belas". (Até hoje não consigo decidir se este verso é otimista ou conformista.)

A triste atualidade de *Bacurau*, filmado antes da eleição de 2018, reside na constatação de que a grana, hoje, depende mais do que nunca da destruição daquilo que consideramos (estética ou eticamente) belo. Fica difícil imaginar o que poderia ser erguido nesse novo cenário de terra arrasada.

Chico saturado

Três é o número mágico das histórias infantis. É o número das faces do Deus cristão, o número que nos ensinam a contar mentalmente antes de falar uma bobagem. É o número de personagens do complexo de Édipo, também chamado "triângulo edípico" pelos psicanalistas. Três é o número das operações dialéticas: tese, antítese, síntese. Talvez por alguma dessas razões, ou por nenhuma delas, muitas canções de Chico Buarque acontecem em três tempos.

Evoco, de memória, o lamento de amor desiludido da personagem de Nara Leão no filme *Bye Bye Brasil*, de Cacá Diegues, em que todas as estrofes terminam no mesmo formato: "quando eu estava tão morta de sono", "... morta de medo", "... morta de frio".

Ou os três convites jubilosos que o exilado, de volta a casa, dirige à sua mulher, em "Tô voltando" (não por acaso, composta no ano da Anistia por Maurício Tapajós em parceria com Paulo César Pinheiro). O formato pode ser previsível, mas oferece possibilidades poéticas e musicais arrebatadoras. Pelo menos é o que Chico faz com elas. Escolho, entre as minhas prediletas, três canções compostas para o cinema. Adianto ao leitor que ainda gosta de CDs — da capa, do encarte, da facilidade de encontrar as canções que se busca — que elas se encontram em um álbum duplo chamado *Chico no cinema* (gravadora Universal). Vejamos se é possível encontrar algum padrão no desenvolvimento delas.

"Vai trabalhar, vagabundo" foi composta em 1976, para o filme de Hugo Carvana, de mesmo nome. É uma boa comédia brasileira. Quem não viu, vale

Tempo esquisito

baixar, porque quase todas as videolocadoras já fecharam. É uma canção exaltada: parece uma bronca dirigida ao vagabundo do título (e do filme). Os metais do arranjo enfatizam o comando de "vai trabalhar!", com o qual cada bloco se encerra. A pegadinha poética é que a letra, a partir da segunda estrofe, desmente a intenção anunciada no título. A primeira estrofe é:

> Vai trabalhar, vagabundo
> Vai trabalhar, criatura
> Deus permite a todo mundo
> Uma loucura

Daí em diante, a letra escancara a crítica ao trabalho braçal mal remunerado (é disso que se trata aqui, e não do trabalho livre e criativo — este sim, praticado pelo autor da canção). Depois do "domingo em família", o vagabundo do título é instado a se deixar levar pela correnteza dos explorados anônimos:

> Prepara o teu documento
> carimba o teu coração
> Não perde nem um momento
> Perde a razão
> Pode esquecer a mulata
> Pode esquecer o bilhar
> Pode apertar a gravata
> Vai se enforcar
> Vai te entregar
> Vai te estragar
> Vai trabalhar

A melodia retorna. Na estrofe seguinte o vagabundo vai perder "três contos no conto da loteria" na esperança de ganhar algum sem ter ainda que trabalhar. Ele terá passado o domingo no "mangue" (pra quem não sabe: na putaria) e, pra rimar, é aconselhado a ganhar o dinheiro do dia seguinte no banco de sangue. E que continue a pensar no futuro e a renovar o seguro: "Vai caducar/ Vai te entregar/ Vai te estragar/ Vai trabalhar". A coisa já está feia para o pobre trabalhador, mas ainda tem muito o que piorar:

> Vai terminar moribundo
> Com um pouco de paciência
> No fim da fila do fundo

Da previdência
A criançada chorando
Tua mulher vai suar
Pra botar outro malandro
No seu lugar

A melodia é sempre a mesma; o ritmo parece uma rumba (será? caso eu esteja errada, que o autor me perdoe). A estrutura de música e letra me parece seguir o princípio da *saturação*. Este, aprendi uma vez, em conversa informal entre amigos com o professor da Unicamp Alexandre Eulálio: a palavra "sátira" provém do latim "satura". O princípio formal da sátira seria a aplicação de um motivo, repetidas vezes, até sua completa *saturação*. Isso vale para as artes plásticas (Eulálio se referia ao pintor italiano Arcimboldo, século XVI), vale para a poesia, a música, a dramaturgia. Em "Vai trabalhar, vagabundo", o vigor de ritmo e melodia, assim como o humor do texto, não desmente a tragédia descrita na letra. O filme é bem divertido. A cena de Hugo Carvana e Paulo César Pereio, colocados pelas mulheres em "prisão domiciliar", tentando destilar água de colônia para fazer um gole de cachaça é genial.

Segundo filme: *A volta do malandro*, de Ruy Guerra, 1985. Música de mesmo nome; o ritmo é um ponto de capoeira. Ou de candomblé. A letra é curta, vale reproduzir na íntegra porque não creio que seja muito conhecida.

Eis o malandro na praça outra vez
Caminhando na ponta dos pés
Como quem pisa nos corações
Que rolaram dos cabarés

Entre deusas e bofetões
Entre dados e coronéis
Entre parangolés e barões
O malandro anda assim de viés
[aqui o tom da melodia sobe para encerrar exultante]

Deixa balançar a maré
E a poeira assentar no chão
Deixa a praça virar um salão
Que o malandro é o barão da ralé

124 | Tempo esquisito

Ao contrário da desgraça irônica prenunciada em "Vai trabalhar...", "A volta do malandro" é um desafio feliz à lei e à ordem. Lembrem-se de que a ditadura militar (1964-85) estava nos estertores. Desafiemos, pois. Aliás, desse mesmo filme é o tenebroso "Hino da repressão", de que não vou tratar aqui. Mas vale pelo menos mencionar que, terminada a ditadura e (supostamente) a tortura, o tal "Hino" termina assim: "Que Deus te proteja/ És preso comum/ Na cela faltava esse um".

Poucos, na época, entenderam que a tortura aos presos políticos havia acabado, mas a prática continuava (e continua até hoje) contra os pobres-diabos, presos comuns.

Volto ainda uma vez a 1976, para a terceira música e o terceiro filme que quero evocar. Deixei para o fim porque minha associação livre me levou a um encadeamento temático, e não cronológico. "O que será (à flor da pele)" é uma parceria com Milton Nascimento para *Dona Flor e seus dois maridos*, de Bruno Barreto. O ritmo é também exaltado (estranho: Chico tem sambas fabulosos, mas não entrou nenhum deles em minha trilogia) e o tema também se desenvolve em três tempos. É uma das canções mais sensuais, ou sexuais, que Chico compôs, uma vez que o mistério do "que será" é o sexo. Ou mais: o gozo sexual. Reproduzo a letra inteira, pois mesmo entre amigos da minha geração ela é pouco conhecida.

> O que será que será
> Que andam suspirando pelas alcovas
> Que andam sussurrando em versos e trovas
> Que andam combinando no breu das tocas
> Que anda nas cabeças, anda nas bocas
> Que andam acendendo velas nos becos
> Que estão falando alto pelos botecos
> Que gritam nos mercados que com certeza
> Está na natureza, será que será
> O que não tem certeza, nem nunca terá
> O que não tem conserto, nem nunca terá
> O que não tem tamanho
>
> O que será que será
> Que vive nas ideias desses amantes
> Que cantam os poetas mais delirantes
> Que juram os profetas embriagados
> Que está na romaria dos mutilados
> Que está na fantasia dos infelizes

Que está no dia a dia das meretrizes
No plano dos bandidos, dos desvalidos
Em todos os sentidos, será que será
O que não tem decência nem nunca terá
O que não tem censura nem nunca terá
O que não faz sentido

[Na terceira parte, como uma apoteose erótica, a música sobe dois tons]

O que será que será
Que todos os avisos não vão evitar
Porque todos os risos vão desafiar
Porque todos os sinos irão repicar
Porque todos os hinos irão consagrar
E todos os meninos vão desembestar
E todos os destinos irão se encontrar
E mesmo o Padre Eterno que nunca foi lá
Olhando aquele inferno, vai abençoar
O que não tem governo nem nunca terá
O que não tem vergonha nem nunca terá
O que não tem juízo

[No último bloco, a melodia é a mesma, só que dois tons acima, pois agora não tem mais jeito de frear a exaltação]

E mesmo o padre eterno que nunca foi lá
Olhando aquele inferno vai abençoar
O que não tem governo nem nunca terá
O que não tem vergonha nem nunca terá
O que não tem juízo

Essa letra tem outra versão um pouco mais suavizada, quase romântica, que em vez de "à flor da terra" se diz "à flor da pele". Mas fico com a selvageria da primeira, para não estragar o bloco de três canções[1] que anunciei acima. E ainda arremedar, pelo menos nesse aspecto, a preferência de Chico pelas trilogias.

---

[1] As canções *A volta do malandro*, *O que será (à flor da pele)* e *Vai trabalhar, vagabundo*, de Chico Buarque, foram publicadas com autorização da Marola Edições Musicais Ltda, detentora de todos os direitos de reprodução dessas obras.

Sou besta?
Sobre poemas de José Almino Alencar

Tive a sorte de conhecer José Almino quando o escritor foi convocado a nos ajudar nas pesquisas da Comissão Nacional da Verdade, em 2013. Até então, não tinha tido contato com sua poesia. Li, encantada, os poemas de *A estrela fria*, livro de 2010. Me fizeram lembrar a economia de metáforas de Francisco Alvim — mas onde o minimalismo de Alvim é predominantemente irônico, o de Almino não perde a ternura. Como neste poema curto, que dá nome ao livro: "De longe/ a infância queima:/ ela é a luz de uma estrela fria".

Depois de saber de meu encantamento com os poemas, Almino me apresentou a suas crônicas (*O motor da luz*), também excelentes. Com a mesma precisão, a mesma economia de metáforas e de adjetivos e com o mesmo olhar enternecido, o poeta compõe, ali, retratos de tipos populares de Recife, muitos deles frequentadores da casa da família.

Tenho em mãos, agora, *Encouraçado e cozido dentro da pele*, versos de sua leva recente, recém-lançados pela editora Blooks.

A expressão que me ocorre ao pensar na poesia de Zé Almino é *pedestre*. O adjetivo não designa uma poesia banal; é justamente o contrário disso. É que o olhar do poeta abrange — sem perder a ternura — o que se passa nas calçadas e nas ruas de Recife. Nem por isso o leitor deve esperar pouco de seus versos. O que se "eleva", aqui, não é o tom: é a simpatia do autor por todos, por qualquer um, pelos tipos mais comuns de sua Recife natal. Mas como consegue combinar tão bem a ternura e o distanciamento exigido pela boa poesia?

Dizer de sua pegada irônica não esclarece muita coisa: a ironia marca a poesia moderna pelo menos desde Baudelaire. Mas nesse poeta, a ironia não vem para revelar o distanciamento crítico do poeta em relação a seu objeto e promover a mesma disposição afetiva no leitor. Ou pelo menos, não serve apenas a esse propósito. Me parece que o uso da ironia, em José Almino, vem para temperar a vastíssima ternura que banha sua voz poética: "E a suavidade das presenças fraternas/ e a consolação dos aflitos/ O oco do mundo".

Como no livro anterior, vários poemas deste atual também descrevem personagens pernambucanos do século passado. Quero dizer: do XX. São tipos populares com que o poeta conviveu desde a infância em Recife, à época uma cidade progressista com traços inevitavelmente provincianos. Alguns desses personagens viviam, ou compareciam, na própria casa da família; outros chegavam no portão a procurar a ajuda de seu pai, o governador Miguel Arraes, mais tarde cassado e exilado pela ditadura — a família toda mudou-se para a Argélia, que depois da guerra da independência contra a França passou por um período progressista.

Em breves linhas, à maneira de caricaturas, o poeta nos transmite os traços essenciais dos personagens que inspiram sua poesia: neste aqui o falso ar *blasé* esconde a tristeza; no outro, nota-se o jeito manso de andar. Uma frase do poeta dirigida ao leitor resume o doutor Nazareno: "Mulato de terno branco e gravata grená". Nos idos do século XX, um mulato bem vestido seria considerado pernóstico? Nazareno é doutor. É bovarista. Mas a primeira palavra com que o poeta o define, na intenção de chacoalhar o leitor, é *mulato*. Já o uso do termo "bovarismo" eu diria que resume a melancolia brasileira: pretensões fracassadas, *semblants* adotados por um pobre coitado (como qualquer brasileiro pé de chinelo, qualquer pobre-diabo como nós), na ilusão de — como a Emma de Flaubert — "tornar-se outro".

No entanto, o recurso — marca de Almino desde o livro anterior — de inserir no meio de seus poemas trechos de versos de poetas canônicos da melhor cepa dos séculos XIX e XX não é, como poderia parecer, bovarista. Penso que, bem ao contrário, indica que o autor abdica de qualquer pretensão de autoria absoluta, narcisista, de seus poemas. Sem tirar o chapéu, sem "licença meu branco", José Almino exige docemente do leitor o reconhecimento de que sua poesia navega no grande oceano onde navegaram Baudelaire, Rilke, Valéry, T. S. Eliot, Emily Dickinson, assim como seus conterrâneos Joaquim Cardoso, Manuel Bandeira e João Cabral.

E notem como esse pernambucano sutil, "comovido feito o diabo" com a condição do povo à sua volta, está à vontade nesse panteão! Ele nos introduz no ambiente erudito de seus melhores amigos literários para, em seguida, desapear o leitor:

… que me agarrei na infância
que me agarrei na esperança…
e depois, a contrapelo: que me agarrei no pandeiro.

No pandeiro: recurso do povo, instrumento rítmico só nosso — motor do Carnaval. Em que qualquer pé de chinelo pode se agarrar em troca de uns tostões de alegria.

A enorme simpatia pelos tipos populares de sua terra não deve ser razão para que o leitor dessa poesia se instale no conforto das emoções fáceis. José Almino anda no fio da navalha. Sabe se comover — e comover-nos — sem qualquer auto-complacência.

Num certo momento, o leitor se depara com referência cortante a João Pedro Teixeira, "cabra marcado para morrer" cuja tragédia foi registrada no filme de Eduardo Coutinho iniciado em 1964 e terminado pouco antes da redemocratização, em 1984.

O cabra marcado para morrer
morreu
só.

Foi só isso
Foi isso
só.

Poemas como esses dois citados acima iluminam — à luz de vela, não de *neon* — o enigmático título desse *Encouraçado e cozido dentro da pele*. Título que cita um verso do terceiro poema, "Nada não":

Encouraçado e cozido dentro da pele
em agulha e fio firme, um nó cego
um baque n'água
que ninguém ouve
ou jamais ouviu
nem ouvirá.

Será esse verso uma alusão à melancolia brasileira, esta que volta e meia retorna por cima de todos os carnavais e, também, com toda a fúria que se alterna com nossa "euforia pra inglês ver"? Será o poeta, como também se declara Drummond, um ressentido? Pergunta retórica: sei que não. Um recolhido, talvez. Pouco afeito aos holofotes. "Porque a glória", como teria dito Sinhô ao jovem Mário Reis, "é de um tremendo mau gosto."

Nesse aspecto, devo apontar que o poeta se inscreve sim, entre os descendentes dos escravos que inventaram o samba. Assim como o melancólico Drummond. E como Goeldi. Como Clementina e tantos outros brasileiros (cito a esmo) que escaparam à cafonice de reivindicar a glória. Esperteza declarada:

Sou besta,
mas nem tanto.

Um lugar muito familiar

Essa talvez seja a peça mais didática da Companhia do Latão. O leitor não precisa ter visto a encenação, em 2018, para perceber isso: a leitura do texto o indica. Não há cenário. Afinal, o lugar é *nenhum* — ao começar a peça, percebe-se que este nenhum também pode ser *qualquer*, pois a trama e, mais ainda, a composição dos personagens indicam uma amostra dos tipos (tanto de pessoas quanto de relações) que compõem a dinâmica social brasileira. Temos três personagens brancos de classe dominante — minoria representada aqui, não por acaso, pela maioria dos personagens. Afinal, quem possui casa de veraneio na Serra do Mar? Temos também uma caiçara neta de índios, uma judia, uma negra e um hippie desiludido que um dia foi guerrilheiro. Os atores *narram* a peça, de modo a garantir o distanciamento crítico do público proposto por Bertolt Brecht. O envolvimento emocional do espectador é tão interditado que, apesar do humor irônico subjacente, a peça é árdua. O Latão não poupa seu público: não se chora, pouco se ri. A catarse aqui, se existir, é a da inteligência: *Lugar nenhum*, encenada em São Paulo antes da eleição de Jair Bolsonaro, parece uma alegoria do Brasil.

Estamos em 1982, um ano depois do atentado frustrado ao Riocentro; a ditadura agoniza, mas os tiranetes inconformados aterrorizam. Se a bomba não tivesse estourado no colo do sargento Rosário, que morreu dentro do carro, milhares de pessoas teriam morrido durante o show pela Anistia — ou por efeito da bomba, ou esmagados na tentativa de fuga. Nossa anistia, "ampla, geral e irrestrita", havia sido aprovada dois anos antes do atentado: por causa da impunidade que a lei aprovou, o terror do Estado ditatorial ainda tentava se impor. Talvez pela mesma razão, na atualidade (mas ainda não na época em que *Lugar nenhum* estreou) temos um capitão reformado, defensor da tortura e outras barbaridades, governando o país.

A ação se passa na casa de praia da família, em algum lugar perto do litoral norte de São Paulo. Na temporada teatral de *Lugar nenhum*, não havia cenário algum: bem de acordo com a radicalidade brechtiana das peças da Companhia do Latão. O espectador (assim como agora o leitor) percebe que a casa de praia fica num lugar privilegiado da Mata Atlântica, na Serra do Mar. A construção poderia ser, como tantas, uma invasão ilegal. Outras características do cenário (ausente) podem ser dispensadas.

De todas as peças do Latão a que assisti — creio que assisti a todas — *Lugar nenhum* me parece levar mais longe o recurso brechtiano de provocar o distanciamento emocional do espectador, de modo que este reflita sobre os conflitos em cena. Os personagens são quase caricaturas dos tipos, alguns em conluio, outros em conflito, que compõem a sempre abafada luta de classes no Brasil. Essa "amostragem" de classes e "raças" (conceito ultrapassado, mas ainda não se inventou outro nome para aquilo que diferencia as pessoas a partir da origem familiar, da cor da pele e, consequentemente, da posição que ocupam na dinâmica capitalista) compõe uma microalegoria do Brasil: o branco dominante, os empregados, a negra de classe média — esta, deslocada de "seu lugar", é Maria, casada com o ex-marido de Tereza (Jonas). Já Tereza, de seu lugar nessa *ciranda*, se esforça, mas nem sempre, para esconder seu racismo. Maria, altiva, não se esforça nem um pouco para gostar de Tereza.

Jonas, cineasta frustrado e sempre desesperado para fazer um próximo (último?) filme, afirma: "A única coisa que minha geração fez de bom foi procurar uma épica brasileira". Seu rival Afonso, atual namorado de Tereza, o despreza. Considera-se, em contrapartida, "vacinado contra esse idealismo de classe média culpada". É um cínico bem atual, dos que preservam uma atitude "de bem com a vida" por força da indiferença em relação ao sofrimento alheio.

Já Antônio, filho de Tereza e Jonas, talvez ainda não tenha sido vacinado contra o idealismo que o padrasto despreza. Mas é um rapaz mimado, improdutivo e revoltado. Se no início provoca simpatia no espectador, logo se nota que o caráter edipiano de sua revolta não é "consciência política", é mágoa contra a mãe que o abandonou ao se casar com um homem rico. Ao mesmo tempo, bem no espírito pós-hippie e pós-esquerda da década de 1980, ex-marido e ex-mulher convivem na casa de praia, juntos com os "conjes" atuais de um e de outra, sem mais enfrentamentos além das insinuações ressentidas de Jonas. Presume-se que ele foi abandonado por Tereza e só depois encontrou Maria. Pessoas da minha geração conviveram com esse tipo de configuração familiar tranquilamente. Chamo essa novidade (do século XX) de "família tentacular", em contraposição ao modelo consagrado da família nuclear.

Na peça, evidentemente, o convívio não é fácil; insinuações, ressentimentos e alfinetadas apimentam o enredo. Antônio ganha da mãe, de aniversário, um consultório onde possa se instalar quando for o médico sonhado por ela. Resiste ao papel que lhe foi atribuído e quer dar o consultório para seu pai "loser". Para provocar Tereza? Quer fazer da fazenda da mãe, chamada Maturi ("o que está por vir"), onde já houve trabalho escravo, uma comunidade utópica.

Ainda não foi dito que a região onde está a casa — como toda a Mata Atlântica, aliás — é um dos antigos territórios dos índios Guarani. A empregada Maria é índia Guarani. Seu filho está desaparecido desde que os policiais o levaram. O leitor sensível pode adivinhar que não voltará nunca mais.

Os Guarani foram das primeiras etnias do Sudeste a ter contato com o português. São, até hoje, resilientes e numerosos, espalhados por São Paulo, Mato Grosso do Sul e Paraná. No século XIX quase foram dizimados quando o imperador entregou as terras deles para serem exploradas por uma companhia agrícola luso-brasileira chamada Mate Laranjeira. São comoventes, os Guarani. Podem morar nas periferias das cidades, acampar na beira das estradas, esmolar nas periferias de algumas cidades. Mas não deixam de ser índios, porque mantêm seus rituais. (O espaço é curto e este não é nosso tema, deixo apenas essa breve observação.)

Os guardas que procuravam o filho de Maria encontraram Yvone no caminho — lembrem-se que essa personagem de classe média é negra. A providência que tomaram foi dar-lhe "uns tapas", porque acharam que era índia... e se desculparam, não pelos tapas, mas pelo mal-entendido de ter estapeado a esposa de um "patrão". Se Yvone fosse índia, quem se incomodaria pelos maus-tratos?

Mas ela estuda artes no Parque Laje, o que "autoriza" Afonso a lhe perguntar: "Você é uma *inteligentinha*?". Talvez o personagem pudesse ter feito a pergunta a outra mulher, mas o autor quis que a pergunta fosse dirigida à personagem negra. A ambiguidade da posição de Yvone na família lembra a observação de Frantz Fanon sobre a reação dos brancos ao negro que se integrou à sociedade europeia: "Com o negro civilizado a estupefação chega ao cúmulo, pois ele é perfeitamente adaptado. Com ele o jogo não é mais possível, é uma perfeita réplica do branco. Diante dele, é preciso tirar o chapéu"[1].

Somemos o racismo ao machismo e teríamos em Yvone uma vítima, se *Lugar nenhum* fosse um melodrama. Mas quem conhece o trabalho do Latão sabe que a companhia nunca encenou um melodrama. É Brecht, na veia. Não para fazer chorar: para fazer pensar.

---

[1] Frantz Fanon, *Pele negra máscaras brancas* (Salvador, Edufba, 2008), p. 48.

Poderia ter sido aqui[1]
A invenção argentina

Entre os países da América Latina que sofreram ditaduras militares no século passado, a Argentina se destaca em função de dois diferenciais tenebrosos. O número de vítimas dos crimes de lesa-humanidade naquele país é quase cem vezes maior que o brasileiro: foram cerca de 30 mil jovens argentinos contra as 462 vítimas reconhecidas oficialmente no Brasil. Além disso, o Estado ditatorial argentino instituiu a tenebrosa figura ("exportada" para as outras ditaduras do Cone Sul) do *desaparecimento forçado* de detentos. Essa é a expressão utilizada pelo advogado e professor da Unifesp Renan Quinalha na introdução de *O ex-preso desaparecido como testemunha dos julgamentos por crimes de lesa-humanidade*, publicado na Argentina pela Fundación Eduardo Luís Duhalde em 2015 e em 2018 no Brasil — às vésperas da eleição que instituiu na Presidência um militar reformado de extrema direita, admirador do torturador Carlos Alberto Brilhante Ustra.

O livro é uma coletânea de artigos e depoimentos de Duhalde — secretário nacional de Direitos Humanos entre 2003 e 2012 — e Fabiana Rousseaux, diretora do Centro de Atenção às Vítimas de Violações de Direitos Humanos Dr. Fernando Ulhoa. Fabiana é filha de um casal de desaparecidos políticos. Ela e Duhalde foram figuras fundamentais no processo de redemocratização argentino, assim como o prefaciador do livro, Carlos Rozasnski, presidente do tribunal penal de La Plata.

---

[1] Publicado na revista *Quatro Cinco Um*, abr. 2019.

136 | Tempo esquisito

A política sistemática de promover o desaparecimento dos corpos de militantes assassinados na tortura é a mais perversa das violações de direitos humanos exercida durante as ditaduras latino-americanas nas décadas de 1970 e 1980. Além da crueldade atroz das torturas praticadas contra prisioneiros indefesos (mantidos *sob custódia do Estado*, vale lembrar) que com frequência resistiram até a morte sem denunciar seus companheiros, o Estado ditatorial fez com que os corpos desaparecessem. Tais *graves violações de direitos humanos* são imprescritíveis. A crueldade praticada contra o prisioneiro continua a ser imposta a seus familiares, condenados a um luto impossível. Sobre eles recai tanto a tarefa infrutífera da busca quanto a dolorosa decisão de considerá-la encerrada. Sem um corpo a ser sepultado e homenageado, o luto se torna impossível e a culpa, inevitável. "Deveríamos ter tentado mais? Deveríamos seguir buscando?" E mais: como elaborar o luto de um parente cujo funeral não pode existir?

"Essa ausência, vivida como um trauma, permanecerá no horizonte dos que ficaram, e sempre marcará presença como lembrança", escreve o prefaciador.

O primeiro presidente argentino na redemocratização, Raúl Alfonsín, criou a Comissão Nacional sobre o Desaparecimento de Pessoas (Conadep), que chegou a submeter alguns comandantes das Forças Armadas a julgamento. O presidente seguinte, Carlos Menem, decretou em 1989 as leis "Ponto final" e "Obediência devida", para obter perdão a 216 militares e 64 membros das Forças de Segurança sob processos na Justiça. Ao indultar, logo em seguida, lideranças dos movimentos de resistência armada, Menem abriu precedente para a famigerada "teoria dos dois lados" — assim como no Brasil, parte da sociedade acreditou que os crimes de lesa-humanidade praticados por agentes do Estado seriam da mesma natureza, ética e criminal, dos crimes cometidos por militantes de esquerda, considerados juridicamente como *crimes comuns*.

Entre avanços e retrocessos, a sociedade argentina promoveu a punição dos perpetradores de crimes hediondos. Nos governos Kirchner (Néstor e depois Cristina) a Corte Suprema Argentina anulou as chamadas leis de "Ponto final" e "Obediência devida". As "Leis de perdão" foram anuladas em 2003, e a Argentina tornou-se, até hoje, referência internacional de justiça contra autores de graves violações de direitos humanos. Essas que o dramaturgo Eduardo Pavlovsky definiu da seguinte maneira: "Por cada um que tocamos, mil paralisados de medo; nós (*i.e. os militares*) atuamos por irradiação". A paralisia gerada pela existência da tortura se irradia por toda a sociedade — daí o projeto ditatorial de liberar alguns sobreviventes da tortura para difundir o terror. Em contrapartida, os julgamentos sepultaram de vez a versão cínica de que os desaparecidos são pessoas que, no dizer do ex-ditador Rafael Videla, "simplesmente deixaram de estar aí..."! A difusão dessa e outras atitudes cínicas comprova a afirmação de Duhalde, para quem "a máquina de desaparecimentos devastou a sociedade *e a linguagem*. Ao colocar o cidadão comum em um beco sem saída, produz uma passividade conformada, análoga à dos *muçulmanos* dos campos de concentração nazistas: corpos ainda vivos, desabitados de uma alma — de um sujeito".

Diante desse conformismo mortífero, os julgamentos dos torturadores têm o valor de "ritos constitutivos" (na expressão de Rousseaux) da restauração democrática. Os sobreviventes, *testemunhas-vítimas*, resgatam sua dignidade ao contribuir com a justiça contra a "máquina desaparecedora que devastou a identidade e a linguagem". Diante de tal devastação, Fabiana Rousseaux problematiza a abordagem das vítimas sobreviventes. Ela evoca o psicanalista uruguaio Marcelo Viñar: "será que quando uma vítima se constitui, já não se pode escutar [dela] outra coisa? [...] As vítimas levantam suas vozes para exigir ser escutadas como sujeitos". Com isso, o quebra-cabeças das violações e desaparecimentos começa a se compor; a sociedade levanta a cabeça e, paradoxalmente, se enriquece quando o horror vivido por alguns é restituído à memória coletiva.

Por fim, outra questão ainda se coloca para as vítimas: depois de ter sobrevivido às torturas, como sobreviver à memória do trauma? Ou aos sintomas de pânico e depressão resultantes da tortura? Não foram raros os suicídios entre os sobreviventes do Holocausto. Primo Levi — que observou em suas memórias como eram raros os suicídios nos campos de concentração — suicidou-se algum tempo depois do fim da guerra, assim como Bruno Bettelheim e Paul Celan. Para Fabiana Rousseaux, o Estado redemocratizado tem a responsabilidade de promover assistência psicológica aos sobreviventes. A própria Fabiana, entre 2010 e 2014, dirigiu o Centro de Assistência às Vítimas de Violações de Direitos Humanos Dr. Fernando Ulhoa. Também nisso a Argentina se antecipou ao Brasil, ao implantar em nível nacional, desde 2003, uma política de memória, verdade, justiça *e reparação*. No Brasil, apenas em 2012, durante a vigência da Comissão da Verdade, foram criadas as Clínicas do Testemunho que ofereciam às vítimas sobreviventes a possibilidade de se fazer escutar por psicólogos e psicanalistas.

Na via oposta à da escuta dos testemunhos, nas sociedades que, na redemocratização, "induziram suas famílias ao silêncio e não assumiram a responsabilidade coletiva da memória, as gerações posteriores sofrem, sem saber, os efeitos traumáticos da violência de Estado". O Brasil, que nunca julgou e condenou os culpados pelas graves violações de direitos humanos cometidas entre 1964 e 1985, não criou "antídotos contra a barbárie". Não constituímos um legado do "nunca mais". Me parece que sofremos, até hoje, do que Fernando Ulhoa chamou de "síndrome da resignação", ao constatar que "a primeira coisa que se perde é a coragem (depois...) o contentamento". O retorno do ódio como *leitmotif* da política, desde o ano passado, e a adesão da sociedade brasileira a um projeto autoritário de governo poucos anos depois de nossa tardia CNV reabrir a chaga da ditadura militar provam o quanto tinha razão Fernando Ulhoa.

Dois Benjamins

A fama póstuma é uma das variantes mais raras e menos desejadas da FAMA, embora seja menos arbitrária e muitas vezes mais sólida que outros tipos, pois raramente é concedida à mera mercadoria. Quem mais lucraria está morto e, portanto, não está à venda.[1]

1. Walter Benjamin e as cidades

Walter Benjamin é um autor que, à maneira dos românticos do século XVIII, escreveu grande parte de sua obra na forma de fragmentos. Com exceção da tese sobre o drama barroco, reprovada pela banca na universidade de Berlim, sua obra se desenvolve na forma do ensaio — forma esta que permite grande liberdade para se abordar um tema de forma fragmentária. Assim são as magníficas crônicas da *Infância berlinense*, assim seus ensaios mais conhecidos, como "O narrador" e "Experiência e pobreza", assim as nove *Teses sobre o conceito de história*, em especial, o belo ensaio sobre Baudelaire, cuja publicação — que teria rendido algum dinheiro a Benjamin, na época vivendo miseravelmente em Paris — foi recusada por Adorno e Horkheimer, já refugiados nos Estados Unidos. Na verdade, a fama de Benjamin foi póstuma. "Como tudo seria diferente", escreve Arendt, citando Cícero, "se vencessem na vida aqueles que venceram na morte"[2].

Para Arendt, a única posição a que Walter Benjamin talvez tivesse aspirado na vida fora a de "um verdadeiro crítico da literatura alemã"[3].

---

[1] Hannah Arendt, "Walter Benjamin: 1892-1940", em *Homens em tempos sombrios* [1955] (trad. Denise Bottmann, São Paulo, Companhia das Letras, 2020).

[2] Ibidem, p. 166.

[3] Ibidem, p. 168.

140 | Tempo esquisito

Hannah Arendt não menciona seu talento para "turista aprendiz" (título roubado por mim de Mário de Andrade). Mas vale observar que outra característica marcante na obra de Benjamin é seu interesse pelas cidades. A *infância berlinense* é rememorada pelo autor na forma de pequenas passagens e recantos da cidade. A Berlim de Benjamin é toda descrita da perspectiva da criança míope: atenta aos detalhes, à beleza das cores, aos recantos secretos do zoológico, aos barulhos produzidos pelo trabalho doméstico no pátio interno da casa da avó. Também são as coisas pequenas, modestas, que o impressionam na viagem a Moscou, movido pela paixão por uma jovem comunista, Asja Lacis. A capital da Rússia comunista comove o viajante através dos detalhes: as cores dos modestos brinquedos de madeira vendidos nas ruas; o papagaio empoleirado no ombro da vendedora de roupas íntimas; os bandos de meninos de rua que perambulam a mendigar pelo centro da cidade. No entanto, por meio dessa observação miúda, própria do míope que enxerga melhor de perto que à distância, Benjamin admira a vivacidade das pessoas comuns, engrandecidas pelas conquistas do primeiro período da vida revolucionária.

Nessa breve intervenção, escolho o ensaio *Charles Baudelaire: um lírico no auge do capitalismo* — primeiro texto de Benjamin com o qual tive contato, nos anos 1980 (do século passado...). É a última série de ensaios escrita por ele, na qual o filósofo, exilado em Paris, segue as pegadas do poeta em busca dos fragmentos do passado naquela cidade toda reconstruída de forma monumental por iniciativa do prefeito Barão de Haussmann, no período napoleônico. De forma análoga ao anonimato daquele que viria a ser consagrado (postumamente) como o maior poeta da língua francesa, a publicação dos preciosos ensaios de Walter Benjamin, enviados para a revista do Institute for Social Research, foi recusada pelos amigos frankfurtianos Adorno e Horkheimer, que a editavam desde Nova York. Uma prova, a meu ver, de extrema insensibilidade por parte da dupla, que não ignorava a penúria enfrentada pelo amigo em Paris e também não entendera a grandeza do ensaio não acadêmico de Benjamin. Prova também, por outro lado, da desadaptação de Benjamin aos padrões acadêmicos de pesquisa.

Talvez seja abuso interpretativo imaginar que o interesse de Benjamin por Baudelaire, já então consagrado como grande poeta da língua francesa, passe por certa identificação do filósofo com a condição em que viveu o poeta. No entanto, é verdade que Benjamin também viveu quase miseravelmente em Paris, para onde fugiu quando Hitler ocupou a Alemanha. "Vivo na expectativa de que uma mensagem de má sorte caia sobre mim. Por enquanto, ainda me aguento — exceto pelo fato de que não consigo me prevenir para o futuro."

Durante o regime de Vichy, aliado dos nazistas, Benjamin esteve preso por um tempo em um campo de concentração francês. Ali, teve a iniciativa de criar um grupo de estudo e leituras inventando, no dizer de um dos prisioneiros, "uma ilha de civilização em meio à barbárie".

Ao ser liberto, voltou a Paris pouco antes da iminência da chegada das tropas de Hitler à cidade, quando demorou a fugir com um pequeno grupo guiado pela jovem combatente Lisa Fittko. Ao chegar em Port Bou, limite da França com a Espanha, o grupo recebe a notícia de que a fronteira havia sido fechada. Sem mais nenhuma esperança, Benjamin toma em seu quarto uma cápsula de heroína que levava para a possibilidade de ser capturado. Na manhã seguinte a fronteira foi reaberta. O corpo de Walter Benjamin foi sepultado no pequeno cemitério de Port Bou. O trágico episódio faz lembrar o comentário familiar sobre o então menino "azarado". Perseguido pelo "Corcundinha", dizia carinhosamente a avó.

A má sorte de Baudelaire não fica atrás da de seu melhor leitor. Rejeitado pelo segundo marido de sua mãe (um militar), deixou a casa familiar e enfrentou uma vida miserável em Paris, onde morreu aos 46 anos. Se o corpo de Benjamin jaz num pequeno cemitério de fronteira, os restos mortais de Baudelaire se encontram em Montparnasse, no túmulo da família, onde seu nome está inscrito em letras pequenas... "e o poeta Charles Baudelaire", abaixo dos registros mais vistosos dos nomes da mãe e do odiado padrasto militar. Seus poemas sobre os mendigos, os moradores de rua, os habitantes dos sótãos minúsculos na cidade monumental dão notícia da proximidade do poeta com esses personagens. "Baudelaire conformou sua imagem de artista a uma imagem de herói", escreve Benjamin na abertura do ensaio "A modernidade". Um herói trágico, diga-se, que entregou a vida à poesia, prescindindo praticamente de tudo o mais.

Os traços que Benjamin valoriza em Baudelaire são intrigantes para o leitor de expectativas românticas. Embora o poeta seja considerado pelo cânone como o último romântico e o primeiro dos modernos, não é banal entender de que romantismo se trata. No espaço que este breve ensaio me permite, posso resumir o romantismo de Baudelaire com a expressão do próprio Benjamin: ele possuiria "a indolência natural dos inspirados". Nada lhe interessava exceto a poesia. O heroísmo romântico do poeta reside em sua resistência a aburguesar-se, em sua escolha radical de viver como um *clochard*, "colhendo a poesia que espalha(s) no chão", para citar um belo verso de Chico Buarque. Um *clochard* que se portava e se vestia como um dândi. Mas o dandismo do poeta estava fadado ao fracasso:

para Benjamin, "seu amor pelo dandismo não foi feliz. Não tinha o dom de agradar, um elemento tão importante na arte de não agradar do dândi".

O pretenso dandismo de Baudelaire era inseparável da escolha de levar ao extremo sua vocação — daí o aspecto trágico de sua vida. "Para viver a modernidade", escreveu Baudelaire, "é preciso ter uma constituição de herói." No entanto, nela não há lugar para o herói. "Nela o herói não cabe", observa Benjamin, a ressaltar o desencanto que caracteriza os tempos modernos. "Ela não tem emprego algum para esse tipo [...]. Pois o herói moderno não é herói — apenas representa o papel do herói. A modernidade heroica se revela como uma tragédia onde o papel do herói está disponível." Diante disso, Benjamin, em uma pirueta ardilosa que é bem do seu estilo, cita Jules Lemaître para concluir que o dandismo do poeta é "o último brilho do heroico em tempos de decadência".

O elemento que Benjamin destaca na poesia de Baudelaire, na contramão do que uma leitura romântica poderia esperar, é o elemento do *choque*. O tema da velocidade que caracteriza a vida moderna, presente em outros ensaios do próprio Benjamin, é destacado por ele na leitura dos poemas de Baudelaire.

> Vê-se um trapeiro vindo; balança a cabeça
> E, como um poeta, bate nos muros, tropeça;
> Sem cuidar dos espias, a ele agora afetos,
> Expande o coração em gloriosos projetos.
>
> Faz juramentos, dita superiores leis,
> As vítimas as soergue, derruba os cruéis,
> E sob o firmamento, tal um sobrecéu,
> De sua virtude embriaga-se, tal de um troféu.
>
> Sim, perseguidas pelas provas conjugais,
> Aflitas pela idade e moídas por brutais
> Trabalhos, encurvadas sob a porcariada,
> Vômitos de Paris, cidade imoderada,
>
> Essas pessoas voltam, com odor de barris
> E companheiros vindos de lutas febris,
> Cujos bigodes pendem tal velhos pendões.
> Os arcos de triunfo, flores, pavilhões

Erguem-se diante deles, solene magia![4]

Ou o choque da brutal transformação da cidade antiga, demolida para dar lugar à monumental "cidade-luz":

Paris muda! mas não minha melancolia!
Velhos bairros, palácios novos, quarteirões,
Andaimes, para mim tudo é alegoria,
E mais que rochas pesam-me as recordações.[5]

As transformações da velha Paris não alteraram a melancolia do poeta, que busca na alegoria um destino simbólico para o que foi perdido. A alegoria foi também um tema caro a Benjamin, que a analisa em seu doutorado (recusado na Universidade de Berlim), *A origem do drama barroco alemão*. Brevemente: para Benjamin, o romantismo (nascido na Alemanha no século XVIII), com sua fome de *absoluto*, teria dominado toda a filosofia da arte, tornando "antiquado" o uso da alegoria que caracteriza o Barroco. O "simbolismo concreto" da alegoria, *símbolo artístico* por excelência no entender de Benjamin, associa-se ao que os antigos consideravam como "sinais dos deuses", já que na alegoria existiria uma correspondência completa, ponto por ponto, entre o "simbolizante", suporte do símbolo, e aquilo que é simbolizado. Assim, quando Baudelaire escreve *"J'ai plus de souvenirs que si j'avais mil ans"*, é de uma alegoria e não de uma metáfora que se trata. O poeta afirma que sim, ele tem mais lembranças do que teria se vivesse mil anos e não (no caso da metáfora), que tem lembranças *como se* tivesse mil anos.

Apenas para dar mais um exemplo, vejamos o final do poema "Obsession":

Como me agradarias, noite! sem estrelas
Com esse linguajar de luz tão correntio,
Pois o que procuro é o negro e o vazio

E o nu! Mas elas mesmas, as trevas, são telas
Em que vivem, de meu olho vindo aos milhares,
Seres mortos com seus rostos familiares.[6]

---

[4] Charles Baudelaire, "O vinho dos trapeiros", em *Flores do mal* (trad. Júlio Castañon Guimarães, São Paulo: Companhia das Letras, 2019), p. 340-3.

[5] Idem, "O cisne", idem, p. 272-7.

[6] Idem, "Obsessão", idem, p. 240-1.

O que agradaria ao poeta, na "linguagem" da noite? Ao buscar o vazio, o negro, o nu, o *eu poético* encontra, não o brilho das estrelas, mas os seres invisíveis, impossíveis de serem vistos a olhos nus. O poeta declara seu fascínio por um objeto perdido, cujo brilho lhe acena de tão longe quanto a luz das estrelas. Como não pensar aqui no objeto perdido da psicanálise, *causador de desejo*? Objeto que também pode ser a cidade, aquela que desapareceu sob os escombros da reforma promovida por Napoleão III, e que mais tarde Benjamin veio a buscar para compor com elas o livro interminável, o livro fragmentado e impossível das *Passagens*.

2. Um filósofo sem método

A característica mais instigante do pensamento de Walter Benjamin é também a mesma que terminou por afastá-lo de seus colegas da chamada Escola de Frankfurt — lembrem-se de que Theodor Adorno, já exilado nos Estados Unidos desde 1938, recusou-se a publicar na *Revista de Estudos Sociais* os ensaios de Benjamin sobre Baudelaire e a Paris do século XIX. "Pouco dialéticos", em sua opinião. Além de ter sido rígido, não foi solidário ao amigo que passava necessidade, refugiado em Paris.

Talvez Adorno e Horkheimer nunca tenham compreendido muito bem a riqueza do pensamento aparentemente sem método de Benjamin. Ouso afirmar que o pensamento dele gira em torno de alguns objetos muito consistentes. De um lado, a ideia de *experiência*, indissociável de transmissão, se apresenta como condição de resistência à barbárie. Esta não se revela apenas através dos horrores vividos pelos europeus que atravessaram duas guerras mundiais separadas por um curto intervalo de duas décadas. O pensamento de Benjamin propõe que pensemos na barbárie como consequência da destruição das condições de transmissão da experiência, que torna os homens desamparados e disponíveis para todas as formas de *novidade*. Desenraizadas, soltas da longa cadeia que vincula cada geração às histórias de vida das gerações precedentes, as pessoas tornam-se presas fáceis de promessas de pertencimento — essas que fornecem segurança identitária contra a precariedade de nossa passagem pelo mundo (mas observo que segurança *identitária* não pertence ao pensamento de Benjamin). A essa precariedade, Lacan denomina como nossa "falta a ser".

Esse é um tema que percorre a obra de Walter Benjamin em vários momentos, até os últimos textos. O valor da experiência em contraposição à crítica que

Benjamin faz à *vivência* que se instaura com sua perda encontram-se em dois ensaios complementares: "Experiência e pobreza" (1933) e "O narrador: observações sobre a obra de Nicolai Leskov" (1936).

O complemento crítico à ideia de experiência se apresenta numa vertente paralela do pensamento benjaminiano — filósofo cujos textos produzem ao mesmo tempo encantamento e estranheza, entusiasmo e incompreensão. Trata-se de sua análise crítica da tecnologia e da aceleração propiciada por ela, destruindo as condições da experiência. A destruição das condições da transmissão de experiências comparece — não nomeada — nos magníficos ensaios sobre Baudelaire e a cidade de Paris, também destruída e reconstruída no período de Napoleão III, apagando, ao cortar a cidade com os majestosos *boulevards*, os rastros da errância criativa dos *flâneurs* pela Paris medieval.

Paris muda! mas não minha melancolia!

Velhos bairros, palácios novos, quarteirões,

Andaimes, para mim tudo é alegoria,

E mais que rochas pesam-me as recordações.[7]

Escreve Louis Huart, sobre a prática da *flânerie* na Paris do século XIX:

Resumamos: Sem as passagens, o *flâneur* seria infeliz. Mas sem o *flâneur,* as passagens não existiriam. Que se vá à Rue de Vendôme: há ali uma espécie de grande corredor que conduz ao Boulevard du Temple; o *flâneur* recusou-lhe sua presença e seu apoio, e a passagem permaneceu em sua obscuridade e em sua solidão. Ah, Passage des Panoramas, Passage de l'Opéra, se o reconhecimento não fosse uma quimera, seria possível ler em seus frontões: "Aos *flâneurs, Passagens reconhecidas*".[8]

A destruição da antiga Paris colabora com a destruição da experiência: o passante, o *flâneur*, já não se reconhece nos grandes *boulevards* que se sucederam à destruição da cidade medieval. As esquinas já não guardam suas histórias, nem as antigas narrativas que lhe foram transmitidas de boca em boca, de geração em geração.

O conceito de experiência é também fundamental para a compreensão da ideia de *aura*, central em "A obra de arte na era de sua reprodutibilidade técnica" (1936, segunda versão). E comparece, enfim, em seu último — e o mais enigmático —

---

[7]   Idem, "O cisne", idem, p. 272-7.

[8]   Louis Huart, *Fisiologia do flâneur* [1841] (trad. Leila de Aguiar Costa. São Paulo, Editacuja, 2021). Agradeço ao amigo André Resende pelo presente.

conjunto de ensaios, as "Teses sobre o conceito de história" (1940), que se encerram com a imagem da multidão dos derrotados/desenraizados que segue atrás do "desfile triunfal dos vencedores".

No horizonte de sua crítica ao progresso já estava, desde o início da década de 1930, o fantasma de uma segunda guerra, depois que os bombardeios aéreos da primeira lançaram uma geração inteira à condição de desamparo absoluto. Nas palavras de Benjamin: "abandonada, sem teto, numa paisagem diferente em tudo exceto as nuvens, e em cujo centro, num campo de forças de correntes e explosões, estava o frágil e minúsculo corpo humano".

Escrevi no primeiro parágrafo desta apresentação que Walter Benjamin seria um filósofo *aparentemente* sem método. De fato, seus textos parecem obedecer aos acidentes biográficos do autor, às suas paixões de momento, aos seus encantamentos estéticos. Porém, sugiro pensarmos, como Polônio diante de Hamlet, que "há método em sua loucura".

Hannah Arendt, em *Homens em tempos sombrios*, observa a dificuldade dos contemporâneos de Benjamin em compreendê-lo:

> Para descrever sua obra e seu perfil de autor dentro de nosso quadro habitual de referências, seria preciso apresentar uma série imensa de declarações negativas, tais como: sua erudição era grande, mas não era um erudito; o assunto dos seus temas compreendia textos e interpretações, mas não era um filólogo; sentia-se muitíssimo atraído não pela religião, mas pela teologia e o tipo teológico de interpretação pelo qual o próprio texto é sagrado, mas não era teólogo [...] era um escritor nato, mas sua maior ambição era produzir uma obra que constasse inteiramente em citações; foi o primeiro alemão a traduzir Proust [...] e antes disso traduzira os *Quadros parisienses* de Baudelaire, mas não era tradutor...[9]

Só afirmava algo a respeito de sua "profissão" ao denominar-se *crítico literário* — segundo seu amigo Scholem, "o único verdadeiro crítico da literatura alemã".

Benjamin persegue os rastros de um mundo, de uma cultura, de modos de vida à beira da destruição. Resgata os narradores que perderam espaço para o romance assim como os derrotados da história diante do desfile triunfal dos vencedores. Resgata a Paris, capital do século XIX, e a poesia de Baudelaire, boêmio e miserável à procura da aura esfarrapada e esquecida na "lama do macadame". Resgata os antigos livros infantis e os brinquedos esquecidos. Resgata seu próprio olhar

---

[9]   Hannah Arendt, *Homens em tempos sombrios*, cit.

de criança melancólica que se atém aos traços fugidios da paisagem: a luz amarelada nas janelas das casas ao entardecer; o brilho enigmático da lontra no tanque do zoológico; a vista roubada do interior das casas pobres cujas claraboias davam para a calçada. Acima de tudo, Benjamin resgata em seu leitor aspectos de uma sensibilidade que ele, leitor, desconhecia. Este resgate responde à preocupação do filósofo com a destruição das condições de transmissão da experiência.

O mesmo Scholem, no livro que dedica a Benjamin, relata a história de seu interesse apaixonado pelo quadro *Angelus Novus*, de Paul Klee, no qual se inspirou para escrever mais tarde a conhecida nona de suas *Teses sobre o conceito de história*. A primeira exposição do anjo de Klee, em Munique, foi em 1920. Benjamin, pobre porém extravagante, o comprou em 1921; uma amiga levou o quadro para Paris, para onde fugira Walter Benjamin durante o regime de Hitler. Naquele momento, cogitando suicidar-se, Benjamin declarou em carta que o anjo iria para Gershon Scholem. A revista que começou a produzir em agosto daquele ano levava o nome do quadro de Klee. De acordo com Scholem: "A revista deveria ser tão efêmera quanto o quadro de Klee. Sua [de WB] fascinação por Baudelaire o levou a acrescentar um elemento *luciferino* ao anjo. O nome do quadro, *Agesilaus Santander*, é um anagrama de 'O anjo satanás', dos textos hebraicos do Novo Testamento, onde ele equivale ao Lúcifer cristão"[10].

É conhecida a nona tese, em que Benjamin se vale de uma *alegoria* (vale lembrar Baudelaire e sua melancolia: *tout pour moi devient allégorie*) para interpretar o quadro. O anjo de Klee teria a expressão assombrada diante da montanha de escombros que se acumulava a sua frente, não como uma série de acontecimentos, mas como uma única e contínua catástrofe; asas abertas permitiam que uma tempestade o empurrasse para o futuro. "Essa tempestade é o que chamamos de progresso", conclui Benjamin. De passagem, acrescento que a alegoria, com suas imagens que pretendem corresponder, cada uma, a uma ideia estática (não dialética), também pode estar incluída entre as configurações da melancolia. No lugar da paciência do enamorado eternamente à espera de Asja Lacis, escreve Scholem:

agora é a *tempestade* procedente do Paraíso o que o arrasta [ao anjo] em direção ao futuro, sem que tenha sequer que voltar seu rosto. A antítese que transforma, nessas frases, a paciência em tempestade, jogando luz, antes de mais nada, sobre a mudança

---

[10] Gershom Scholem, *Walter Benjamin: a história de uma amizade* (São Paulo, Perspectiva, 1989).

na concepção de Benjamin, é surpreendente. Mais que isso: o Paraíso constitui tanto a origem e o passado originário do homem como a imagem utópica de sua futura redenção, a qual implica uma concepção do processo histórico mais cíclica do que dialética [observemos que Scholem apoia a "falta de dialética" que Adorno e Horkheimer reprovaram na obra de Benjamin]. "A origem é a meta": ainda aqui, e não por acaso, a frase de Kraus figura como epígrafe na décima quarta tese.

O aspecto melancólico dessa nova imagem do anjo, para Scholem, é que ele se dirige "a um futuro que não consegue ver e que nunca verá enquanto cumprir sua missão, uma e única, de anjo da história".[11]

O amigo de Walter Benjamin conclui seu belo ensaio ao afirmar que "o gênio de Benjamin pode estar resumido na figura do anjo, sob cuja luz saturnina transcorreu sua [de WB] própria vida, feita também de 'vitórias do pequeno' e 'derrotas do grande'"[12]. Que imagem poderia condensar melhor o destino de um homem genial, sensível e solitário, nascido sob o signo de Saturno?

Para beneficiar-se da leitura dos textos de Walter Benjamin é preciso abandonar a expectativa acadêmica de "dominar um objeto" de conhecimento. Na companhia de Walter Benjamin, o leitor não é convocado a *dominar* nada. Ao contrário — deve deixar-se levar. E depois, só depois, trabalhar duro para entender o caminho percorrido. Então, quem sabe, transformar seu percurso em narrativa.

---

[11] Ibidem, p. 98-9.

[12] Ibidem, p. 103.

PRA NÃO DIZER QUE NÃO FALEI DE PSICANÁLISE

Em defesa da família tentacular

Uma das queixas que os psicanalistas mais escutam em seus consultórios é esta: "Eu queria tanto ter uma família normal!". Adolescentes filhos de pais separados ressentem-se da ausência do pai (ou da mãe) no lar. Mulheres sozinhas queixam-se de que não conseguiram constituir famílias, e mulheres separadas acusam a si próprias de não terem sido capazes de conservar as suas. Homens divorciados perseguem uma segunda chance de formar uma família. Mães solteiras morrem de culpa porque não deram aos filhos uma "verdadeira família". E os jovens solteiros depositam grandes esperanças na possibilidade de constituir famílias diferentes — isto é, melhores — daquelas de onde vieram. Acima de toda essa falação, paira um discurso institucional que responsabiliza a dissolução da família pelo quadro de degradação social em que vivemos.

Os enunciadores desse discurso podem ser juristas, pedagogos, religiosos, psicólogos. A imprensa é seu veículo privilegiado: a cada ano, muitas vezes por ano, jornais e revistas entrevistam "profissionais da área" para enfatizar a relação entre a dissolução da família tal como a conhecíamos até a primeira metade do século XX e a delinquência juvenil, a violência, as drogadições, a desorientação dos jovens etc. Como se acreditassem que a família é o núcleo de transmissão de poder que pode e deve arcar, sozinha, com todo o edifício da moralidade e da ordem nacionais. Como se a crise social que afeta todo o país não tivesse nenhuma relação com a degradação dos espaços públicos que vem ocorrendo sistematicamente no Brasil, atingindo particularmente as camadas mais pobres, há quase quarenta anos. E sobretudo como se ignorassem o que nós, psicanalistas, não podemos jamais esquecer: a família nuclear "normal", monogâmica, patriarcal e endogâmica, que predominou entre o início do século XIX até meados do XX no Ocidente (tão pouco tempo? pois é...), foi o grande laboratório das neuroses tal como a psicanálise, justamente naquele período, veio a conhecer.

A cada novo censo demográfico realizado no Brasil, renova-se a evidência de que a família não é mais a mesma. Mas "a mesma" em relação a quê? Onde se situa o marco zero em relação ao qual medimos o grau de "dissolução" da família contemporânea? A frase "a família não é mais a mesma" já indica a crença de que em algum momento a família brasileira teria correspondido a um padrão fora da história. Indica que avaliamos nossa vida familiar em comparação a um modelo de família idealizado, modelo que correspondeu às necessidades da sociedade burguesa emergente em meados do século XIX. De fato, estudos demográficos recentes indicam tendências de afastamento em relação a esse padrão, que as classes médias brasileiras adotaram como ideal.

A demógrafa Elza Berquó, na *História da vida privada no Brasil*[1], atesta algumas dessas tendências. Em primeiro lugar, na segunda metade do século XX, a família "hierárquica" organizada em torno do poder patriarcal começou a ceder lugar a um modelo de família onde o poder é distribuído de forma mais igualitária: entre o homem e a mulher, mas, aos poucos, entre pais e filhos. Se o pátrio poder foi abalado, é de se supor que algum deslocamento tenha ocorrido do lado das mulheres — a começar pelo ingresso no mercado de trabalho, com a consequente emancipação financeira daquelas que durante tantas décadas foram tão dependentes do "chefe da família" quanto as crianças geradas pelo casal. Com isso, o número de separações e divórcios vem aumentando, assim como aumenta a idade em que as mulheres decidem se casar — em proporção direta ao aumento dos índices de escolaridade feminina. O número de relações conjugais "experimentais", ou seja, não legalizadas, entre jovens, também vem crescendo, em função não apenas da maior independência financeira das moças — que se veem em condições de arriscar um pouco mais nas escolhas amorosas — mas também da liberdade sexual conquistada há quase meio século pelas mulheres. Isso nos ajuda a entender o papel tradicional do tabu da virgindade, único freio capaz de fazer com que jovens adultas adiassem por tanto tempo o início de sua vida sexual

---

[1] Elza Berquó, "Arranjos familiares no Brasil: uma visão demográfica", em Lilia Schwarcz (org.), *História da vida privada no Brasil*, vol. 4 (São Paulo, Companhia das Letras, 1998), p. 411-38.

à espera do casamento legal e definitivo. Com a descoberta e a democratização das técnicas anticoncepcionais, o tabu que sustentava o casamento monogâmico (às custas da inexperiência e da frigidez femininas, como Freud bem o percebeu) deixou de fazer sentido. Em contrapartida, hoje, o número de mulheres que se encontram sozinhas com filhos para criar vem aumentando, assim como a gravidez não programada entre as adolescentes. "Casar, ter filhos e se separar leva cada vez menos tempo", escreve Elza Berquó.

Nesse cenário de extrema mobilidade das configurações familiares, novas formas de convívio vêm sendo improvisadas em torno da necessidade — que não se alterou — de criar os filhos, frutos de uniões amorosas temporárias que nenhuma lei, de Deus ou dos homens, consegue mais obrigar a que se eternizem. A sociedade contemporânea, regida acima de tudo por leis de mercado que disseminam imperativos de bem-estar, prazer e satisfação imediata de todos os desejos, só reconhece o amor e a realização sexual como fundamentos legítimos das uniões conjugais. A liberdade de escolha que essa mudança moral proporciona, a possibilidade (real) de tentar corrigir um sem-número de vezes o próprio destino, cobra seu preço em desamparo e mal-estar. O desamparo se faz sentir porque a família deixou de ser uma sólida instituição para se transformar num agrupamento circunstancial e precário, regido pela lei menos confiável entre os humanos: a lei dos afetos e dos impulsos sexuais. O mal-estar vem da dívida que cobramos ao comparar a família que conseguimos improvisar com a família que nos ofereceram nossos pais. Ou com a família que nossos avós ofereceram a seus filhos. Ou com o ideal de família que nossos avós herdaram das gerações anteriores, que não necessariamente o realizaram. Até onde teremos de recuar no tempo para encontrar a família ideal com a qual comparamos as nossas?

Estamos em dívida com o modelo de família burguesa oitocentista, que as condições da sociedade contemporânea não permitem mais sustentar a não ser às custas de grandes renúncias e, provavelmente, grande infelicidade para todos os seus membros. Como costuma acontecer a todos os endividados, idealizamos a fortuna de nossos credores. Tendemos a nos esquecer que família era aquela, e a que custo — psíquico, sexual, emocional — ela se manteve, durante um curto período de menos de dois séculos, como célula-mãe da sociedade.

Não é necessário retroceder até as revoluções burguesas europeias para procurar o que se perdeu no Ocidente, e particularmente no Brasil, a partir dos anos 1950. Basta recordar o que foi a "tradicional família brasileira" para perguntar: o que estamos lamentando que tenha se perdido ou transformado? Será que a

154 | Tempo esquisito

sociedade seria mais saudável se ainda se mantivesse organizada nos moldes das grandes famílias rurais, a um só tempo protegidas e oprimidas pelo patriarca da casa grande que controlava a sexualidade das mulheres e o destino dos varões? Temos saudade da família organizada em torno do patriarca fundiário, com sua contrapartida de filhos ilegítimos abandonados na senzala ou na colônia, a esposa oficial calada e suspirosa, os filhos obedientes e temerosos do pai, dentre os quais se destacariam um ou dois futuros aprendizes de tiranete doméstico? O sentimento retroativo de conforto e segurança que projetamos nostalgicamente sobre o patriarcado rural brasileiro não seria, como bem apontou Roberto Schwarz em "As ideias fora do lugar"[2], tributário da exploração do trabalho escravo, que o Brasil foi o último país a abolir já quase às portas do século XX?

Ou será que temos saudade da família emergente das classes médias urbanas, fechada sobre si mesma, incestuosa como em um drama de Nelson Rodrigues, temerosa de qualquer contágio com membros da camada imediatamente inferior, mantidos à distância às custas de preconceitos e restrições absurdas? Saudades das famílias "de bem" que viviam atemorizadas em relação aos próprios vizinhos, com medo de cada nova fase da vida, apavoradas com a sexualidade dos filhos e filhas adolescentes — maledicentes e invejosas da vida alheia, administrando a vida conjugal como se administra um pequeno negócio? Saudades dos casamentos induzidos a partir de namoros quase endogâmicos, rigorosamente restritos a *gente do nosso nível* e mantidos à custa da dependência econômica, da inexperiência sexual e da alienação das mulheres?

A família burguesa no Brasil, escreve Maria Ângela D'Incao na *História das mulheres no Brasil*[3], se desenvolveu no século XIX na esteira da necessidade de "civilizar", o que era o mesmo que dizer — afrancesar — nossa sociedade escravocrata, mestiça, luso-tropical. Ou seja: nasceu para fortalecer um núcleo de resistência contra as condições históricas formadoras da sociedade brasileira. Naquele período, o desenvolvimento das cidades e da vida burguesa influiu também na arquitetura das residências, procurando tornar o convívio familiar mais íntimo, mais aconchegante, o que significa: mais separado do tumulto das ruas e do burburinho da gente do povo. Essa tendência de fechamento da família

---

[2] Roberto Schwarz, "As ideias fora do lugar", em *Ao vencedor as batatas* (São Paulo, Duas Cidades /Editora 34, 2012)

[3] Maria Ângela D'Incao, "Mulher e família burguesa", em Mary Del Priori, *História das mulheres no Brasil* (São Paulo, Contexto, 2004).

sobre si mesma foi o início do que D'Incao chamou de processo de privatização da família, marcado pela valorização da intimidade.

Era uma privacidade vigiada. As famílias que se retiravam, civilizadamente, do convívio caótico e miscigenado das ruas das cidades brasileiras abriam suas casas para a apreciação de um "público" selecionado, capaz de atestar o sucesso de sua elitização e de seu branqueamento. Um círculo restrito de parentes, amigos, alguns pretendentes, um ou outro político interesseiro e interessante para a carreira dos cavalheiros — como no *Memorial de Aires* ou em *Esaú e Jacó*, de Machado de Assis. Eram poucos os convidados para participar de saraus, jantares e festas. Nessas ocasiões, escreve Maria Ângela D'Incao, "a família, em especial a mulher, era submetida à avaliação da opinião dos 'outros' [...]. Se agora era mais livre, pois a convivência social dá maior liberdade às emoções, não só o marido e o pai vigiavam seus passos; sua conduta também era submetida aos olhares atentos da sociedade". Quanto aos filhos, os cuidados maternos diretos (lembremo-nos que a figura da mãe dedicada ao lar também é uma criação do século XIX europeu) passaram, naquele momento, a garantir a reprodução dos padrões de boas maneiras que as amas e escravas não poderiam transmitir. Ganhava força a ideia de que "é muito importante que as próprias mães cuidem da primeira educação dos filhos e não os deixem simplesmente soltos sob a influência das amas, das negras ou de 'estranhos', 'moleques da rua', etc.".

O quadro estava formado. Esta foi a família nuclear burguesa no Brasil, privatizada, excluída do convívio das ruas como garantia de preservação e transmissão de privilégios de classe. Estavam formados os padrões de exclusão e seleção das elites, a serem adotados pelas famílias das classes mais baixas, cada qual tentando simular as boas maneiras dos que estão acima — e assim, quem sabe, conseguir um casamento vantajoso para um dos(as) filhos(as) — e separar-se dos "maus modos" dos que ficam ainda mais abaixo.

Mas a lógica que rege a sociedade onde reinava a moderna família burguesa acabou por destruir as bases de sua sustentação. Razões de mercado abriram oportunidades profissionais para as mulheres e achataram os salários dos pais de família, eliminando em grande parte a dependência econômica feminina que sustentava o casamento patriarcal. A perda de poder aquisitivo também contribuiu para minar o poder dos homens dentro de casa. Por outro lado, a expansão de todos os meios de comunicação teve o efeito de explodir o isolamento até mesmo das famílias mais conservadoras, minando a condição que garantia a transmissão estável de valores e padrões de comportamento entre as gerações. Finalmente — o que foi mais decisivo, do ponto de vista da estabilidade conjugal: a democratização das técnicas anticoncepcionais possibilitou às mulheres diversificar suas experiências sexuais, desvinculando a sexualidade feminina dos avatares da procriação. As mulheres passaram a incluir a satisfação sexual entre os requisitos para a escolha do cônjuge.

A independência sexual das mulheres e a possibilidade de separar a vida sexual da procriação — o "poder de atentar contra o caráter sagrado do sêmen masculino", no dizer de Elisabeth Roudinesco — fizeram com que alguns conservadores e nostálgicos da ordem patriarcal atribuíssem ao novo "poder das mães" a responsabilidade pela dissolução da família e dos costumes. As mulheres não foram as únicas responsáveis pela desarticulação da ordem familiar oitocentista, mas a renúncia das mães de família à liberdade sexual e à vida pública era condição estrutural para que aquela ordem se mantivesse estável. No pequeno livro de Roudinesco[4] sobre as famílias contemporâneas, um capítulo é dedicado à relação entre a nova "desordem familiar" e o recém-adquirido poder das mães. Hoje, as antigas rainhas do lar, que até a década de 1950 ainda valorizavam (a exemplo da Sophie ou da Heloise, de Rousseau) o sacrifício e a dedicação aos filhos como sendo o principal sentido de suas vidas, adquiriram a possibilidade de "controlar o número dos nascimentos e se recusar a colocar no mundo, da puberdade à menopausa, um número ilimitado de filhos. Assim como os homens, poderiam também procriar filhos de diversos leitos e fazê-los coabitarem em famílias ditas 'co-parentais', 'recompostas', 'biparentais', [...]. A difusão dessa terminologia, derivada do termo 'parentalidade', traduz tanto a inversão da dominação masculina que evoquei como um novo modo de conceitualização da família".

A partir dessa virada, os laços conjugais já não escondem mais a base erótica — portanto, instável — de sua sustentação. Os filhos deixaram de ser a finalidade, ou a consequência inevitável, dos encontros eróticos. As separações e as novas uniões efetuadas ao longo da vida dos adultos foram formando, aos poucos, um novo tipo de família que vou chamar de *família tentacular*, diferente da família extensa, pré-moderna, e da família nuclear que aos poucos vai perdendo a hegemonia.

De certa forma, a família desprivatizou-se a partir da segunda metade do século XX, não porque o espaço público tenha voltado a ter a importância que teve na vida social até o século XVIII, mas porque o núcleo central da família

---

[4] Elisabeth Roudinesco, *A família em desordem* (Rio de Janeiro, Zahar, 2003).

contemporânea foi implodido, atravessado pelo contato íntimo com adultos, adolescentes e crianças vindas de outras famílias. Na confusa árvore genealógica da família tentacular, irmãos não consanguíneos convivem com "padrastos" ou "madrastas" (na falta de termos melhores), às vezes já de uma segunda ou terceira união de um de seus pais, acumulando vínculos profundos com pessoas que não fazem parte do núcleo original de suas vidas. Cada uma dessas árvores super ramificadas guarda o traçado das moções de desejo dos adultos ao longo das várias fases de suas vidas — desejo errático, tornado ainda mais complexo no quadro de uma cultura que possibilita e exige dos sujeitos que lutem incansavelmente para satisfazer suas fantasias.

É importante observar também o papel da mídia, particularmente da televisão, doméstica e onipresente, no rompimento do isolamento familiar e, consequentemente, na dificuldade crescente dos pais de controlar o que vai ser transmitido a seus filhos.

A família tentacular contemporânea, menos endogâmica e mais arejada que a família estável no padrão oitocentista, traz em seu desenho irregular as marcas de sonhos frustrados, projetos abandonados e retomados, esperanças de felicidade das quais os filhos, se tiverem sorte, continuam a ser portadores. Pois cada filho de um casal separado é a memória viva do momento em que aquele amor fazia sentido, em que aquele par apostou, na falta de um padrão que corresponda às novas composições familiares, na construção de um futuro o mais parecido possível com os ideais da família do passado. Ideal que não deixará de orientar, desde o lugar das fantasias inconscientes, os projetos de felicidade conjugal das crianças e adolescentes de hoje. Ideal que, se não for superado, pode funcionar como impedimento à legitimação da experiência viva dessas famílias misturadas, engraçadas, esquisitas, improvisadas e mantidas com afeto, esperança e desilusão, na medida do possível.

A família e a crise ética contemporânea

Temos ainda que nos perguntar se essas transformações na composição familiar são realmente as responsáveis pelos sintomas do que se pode detectar como uma crise ética na sociedade contemporânea. A transformação da família ocidental, que cobra seu preço em sofrimento e desamparo, tem sido apontada como responsável pela crise da cultura burguesa, sobretudo no que diz respeito ao

158 | Tempo esquisito

comportamento de crianças e adolescentes. É o que questiona Roudinesco, ao avaliar a força simbólica do núcleo familiar nos mais diversos tipos de organização social em todos os tempos. A família, escreve Roudinesco citando Lévi-Strauss, é a forma de organização social mais persistente, mesmo levando em consideração diferenças históricas e culturais. A família que está em "desordem", na expressão da autora, é justamente a família nuclear contemporânea, herdeira da família vitoriana.

Vale lembrar que na época em que Freud começou a escutar as expressões do sofrimento das histéricas e a entender as razões das inibições culposas dos obsessivos, a família nuclear burguesa estava em pleno apogeu. Era do seio das famílias vienenses mais estruturadas, no final do século XIX, que vieram os primeiros pacientes que possibilitaram ao dr. Sigmund Freud investigar a origem das neuroses e inventar a psicanálise. Aquele foi o modelo de família em que germinaram as modalidades modernas de mal-estar, que Freud associou às exigências da monogamia, às restrições sexuais impostas sobretudo às mulheres, à claustrofobia doméstica que contribuía para fixar os filhos no lugar de objetos do amor incestuoso de suas mães. Observem que estou invertendo propositalmente os termos do chamado Complexo de Édipo, ao afirmar que são as mães, insatisfeitas tanto com as limitações de seu destino doméstico quanto com a pobreza de sua vida sexual, que fazem dos filhos o objeto de um investimento libidinal pesado demais.

A família estruturada que ocupa nossas fantasias nostálgicas produziu a histeria como sintoma do desajuste das mulheres em relação ao lugar que lhes era destinado e aos ideais de feminilidade, impossíveis de se sustentar. Produziu a neurose obsessiva como expressão da impossibilidade de um homem afirmar sua virilidade diante de um pai que ele deve, ao mesmo tempo, idealizar e ultrapassar. Além disso, aquela família super estruturada produziu a fixação incestuosa entre os filhos e as mães. Não é obrigatório que a passagem pelo Édipo produza a fixação dos filhos à mãe, mas o isolamento da mãe e dona de casa das famílias tradicionais propicia os excessos do amor materno como única fonte de satisfação afetiva e erótica de muitas mulheres.

Os filhos das famílias nucleares, centrados no poder do pai e tomados pelo amor materno, vivem entre eles a condição de uma disputa permanente. Disputa pelo amor da mãe, que de sua prole escolherá o rebento que melhor representar, na fantasia dela, a posse de um objeto fálico. Disputa pelo lugar de identificação com o pai centralizador, pois se o código civil na atualidade dispõe a mesma herança material para todos os filhos, a herança simbólica, o privilégio de levar adiante o nome e os avatares paternos, costuma ficar com aquele filho que o pai escolhe como sendo o mais digno dele.

A rivalidade fratricida, que na teoria freudiana aparece como condição universal da convivência entre irmãos, é fruto das alianças familiares centradas em torno do poder do UM. Representante laico do antigo lugar do monarca, o pai de família moderno cultiva inconscientemente a rivalidade entre os filhos ao buscar fazer da transmissão do nome uma *identidade*. Nas famílias contemporâneas em que o pátrio poder vem sendo progressivamente distribuído entre vários adultos, observamos a tendência do surgimento de novas formas de aliança entre os irmãos, a ponto de que talvez se possa pensar em uma *função fraterna* como complementar, na constituição do sujeito, da função paterna. Com frequência, nas famílias que se desfazem e refazem várias vezes ao longo da vida das crianças, os irmãos constituem referências sólidas para as identificações horizontais; alianças de afeto e cumplicidade entre os irmãos são mais estáveis que os laços com os adultos. O poder da fratria, mais condizente com o modelo das democracias republicanas, começa a questionar o poder do patriarca, herdeiro da falência das velhas monarquias. Vale lembrar que os pactos horizontais entre irmãos, cuja lógica Freud já havia esboçado ao propor o assassinato do pai pela fratria como mito fundador das civilizações, não substituem a função paterna mas são a própria condição para que o poder do "pai" se torne cada vez mais abstrato, fazendo da lei uma função *simbólica* e não uma versão arbitrária do poder do mais forte.

Apesar disso, creio que ainda cultivamos uma dívida para com a formação familiar tradicional; o passado idealizado representa um abrigo diante das modalidades de desamparo que enfrentamos no presente. No Ocidente, a família que foi duramente criticada e questionada pelos movimentos de contestação dos anos 1960, em nome das liberdades sexuais, dos direitos dos homossexuais, das reivindicações feministas e dos movimentos de jovens, hoje tem sido revalorizada pelos próprios grupos marginais que a contestavam. Pares homossexuais reivindicam o casamento institucional; solteiros de ambos os sexos lutam pelo direito de adotar crianças e constituir uma família "normal". A família mudou, mudaram os papéis familiares, mas não foi substituída por outra forma de organização molecular.

Como ocorre com todos os bens sujeitos à escassez, parece que hoje a família nuclear em vias de extinção tem sido mais valorizada e idealizada do que nunca, criando uma dívida permanente e impagável que pesa sobre os membros das famílias que se desviam do antigo modelo. A indústria cultural se alimenta dessas idealizações. A dramaturgia popular, veiculada pelo cinema e pela televisão,

160 | Tempo esquisito

apela constantemente para a restauração da família ideal, ao mesmo tempo em que vende sabonetes, margarina e conjuntos estofados para compor o cenário da perfeita felicidade doméstica.

As funções familiares insubstituíveis

É verdade que as demandas pelos direitos constitucionais dos casais homossexuais, por exemplo, revelam a tendência a reproduzir os papéis familiares tradicionais — pai, mãe, filhos. Só que esses papéis não são mais, necessariamente, desempenhados pelas pessoas que, na estrutura de parentesco, correspondem a pai, mãe e filhos. O máximo que podemos pensar é que, se existir para a criança alguém que faça a função paterna e alguém que se encarregue amorosamente dos cuidados maternais, a família irá estruturar edipicamente o sujeito; é dentro dessa estrutura chamada de família que a criança vai se indagar sobre o desejo que a constituiu — o desejo do Outro — e vai se deparar com o enigma de seu próprio desejo. É nesse percurso que ela vai se tornar um ser de linguagem, barrado em relação ao gozo do Outro. Em linhas gerais, isso seria suficiente para constituir seres humanos orientados pela lei que interdita o incesto, que é aquela que exige de cada sujeito a renúncia a uma parcela de seu gozo para pertencer à comunidade humana.

No que diz respeito ao masculino e ao feminino, é no atravessamento edípico que a criança vai se definir como macho ou fêmea — processo que não é mais do que, como brinca Lacan, o de constituir a certeza subjetiva que nos orienta para sabermos se devemos entrar no banheiro das "damas" ou dos "cavalheiros". A brincadeira lacaniana indica que a identidade sexual se define no campo da linguagem, e não do corpo.

Interdição do incesto e sexuação resumem o papel que a família deve desempenhar na *constituição* do sujeito. A partir desse ponto, o papel da família na modernidade é *formador*, no sentido de preparar as crianças para suas responsabilidades em relação às normas de convívio social. A família moderna é aquela centrada sobre o poder do pai a partir do período da abolição das monarquias absolutistas, em que o destino dos súditos era decidido pela vontade do rei. Ao contrário do que normalmente se pensa, o poder do patriarca burguês é tributário da queda da figura centralizadora do monarca: é nessa transição que a família ganha importância disciplinar, de célula formadora dos cidadãos e perpetuadora das condições do poder.

A relação entre a dissolução da família patriarcal, hoje, e a correspondente "dissolução dos costumes" pode se dar por duas vias. A primeira delas vai no sentido do público ao privado. O modelo de socialização que durante quase dois séculos esteve ao encargo da família patriarcal só fazia sentido em sociedades onde havia algum tipo de continuidade entre a vida pública e a privada, onde os valores aprendidos e as restrições impostas aos sujeitos no âmbito da família correspondiam a ideais e exigências importantes para o desempenho dos papéis na vida pública. A dissolução do espaço público em vários países do Ocidente — que no Brasil ganha contornos dramáticos — e a passagem de uma ética da produção para uma ética do consumo, entre outros fatores, são os grandes responsáveis pela desmoralização da transmissão familiar dos valores, e não o contrário.

Sobre a relação entre moralidade pública e educação privada, o psicanalista Marcus do Rio Teixeira comenta o caso de uma escola particular de classe alta, em Brasília, em que os diretores, "atentos às transformações da nossa sociedade [...] chegaram à conclusão pouco animadora de que os corruptos e gatunos são mais propensos ao sucesso do que aqueles que se pautam pelo princípio da honestidade. Tal conclusão precipitou os insignes educadores numa dúvida angustiante: acaso deveriam seguir educando a criançada segundo o velho ideal de respeito à propriedade alheia, lançando-os indefesos na luta pela sobrevivência, ou seria melhor garantir-lhes o futuro ensinando-os a ser, digamos, mais 'flexíveis' nesse aspecto? Não querendo tomar uma decisão unilateral [...] resolveram convocar uma reunião de pais e mestres para discutir o problema". O exemplo é anedótico, mas representa perfeitamente o conflito (ainda que por vezes inconsciente) de muitos pais, diante da inadequação entre os "bons e velhos" valores tradicionais e a realidade que seus filhos terão que enfrentar na vida em sociedade.

A segunda via é a que vai do privado ao público, e diz respeito às dificuldades dos pais e mães contemporâneos — ou padrastos e madrastas — em sustentar sua posição de autoridade responsável perante as crianças. É como se o peso da dívida para com a família patriarcal, a que me referi acima, impedisse os adultos de legitimar suas funções no âmbito das estruturas familiares que eles foram capazes de constituir. Nesse ponto, não importa que se trate de uma mãe solteira com seu único filho ou de uma família resultante de três uniões desfeitas e refeitas, com meia dúzia de filhos vindos de uniões anteriores de ambos os cônjuges, ou ainda de um par homossexual que conseguiu adotar legalmente uma criança. Seja como for, cabe aos adultos que assumiram o encargo das crianças o risco e a responsabilidade de educá-las. Talvez o peso da dívida para com a família idealizada faça com que esses adultos sintam-se, também, em dívida com seus filhos, legítimos ou de adoção, e assim incapazes de lhes impor as restrições necessárias a um processo educativo.

A isso soma-se o descompromisso crescente da sociedade contemporânea em relação a todas as tradições, mesmo as de um passado recente. Mas a tradição recalcada, como bem lembra Hannah Arendt, retorna ainda com mais força para determinar, sem que o saibamos, a vida social. A mesma cultura que nos incita a viver de maneira radicalmente diferente das escolhas de nossos pais — o que nos mantém ao desabrigo de toda possibilidade de transmissão das experiências — não é capaz de legitimar as novas configurações familiares que foram surgindo, e ainda nos oferece como ideal de felicidade justamente o modelo familiar da geração dos nossos avós. Os adultos ficam, assim, em um lugar de difícil sustentação. A sustentação simbólica da autoridade perdeu a consistência imaginária conferida pela tradição; assim, homens e mulheres se veem na contingência de impor limites e transmitir ideais a seus filhos por sua conta e risco. Por um lado, tal "relatividade" na interpretação da lei permite uma grande liberdade de invenção, e uma maior adequação das intervenções dos adultos às necessidades das crianças. Mas, por outro, aproxima perigosamente os limites da lei das arbitrariedades e caprichos dos adultos. A nostalgia da família tradicional perdida talvez venha como busca de uma referência que compense tamanho desamparo.

Desse lugar mal sustentado, é possível também que os adultos não compreendam no que consiste sua *única e radical diferença* em relação às crianças e adolescentes, que é a única ancoragem possível da autoridade parental no contexto contemporâneo. Esta é, exatamente, a diferença dos *lugares* geracionais. É porque os pais ocupam, desde o lugar da geração adulta, as *funções* de pai e mãe (seja qual for o grau de parentesco que mantenham com as crianças que lhes cabe educar) que eles estão socialmente autorizados a *mandar* nessas crianças. Vale ir um pouco mais longe: as funções paterna e materna, exercidas desde o lugar geracional dos adultos — seja qual for a *idade* desses genitores, o que implica, portanto, também a paternidade dos adolescentes —, não apenas autorizam, mas dependem de que essas pessoas se responsabilizem pelas crianças que estão a seus cuidados, sob pena de perder a guarda delas.

A patologia da família que representa a si mesma como desestruturada — isto é, que não consegue confiar na estrutura criada a partir de suas necessidades e deslocamentos afetivos — está relacionada à omissão da geração parental em relação à educação dos filhos, sejam eles seus consanguíneos ou não. Some-se a isso o alto investimento narcísico de que as crianças são objeto, como única razão da existência privatizada dos adultos de hoje — uma existência desgarrada tanto de sentido público quanto de laços tradicionais, portanto projetada em direção ao futuro. Na cultura do individualismo e do narcisismo, as crianças são a única esperança de imortalidade, a única "obra" destinada a levar adiante o nome e a memória de seus pais. Ninguém quer errar, ninguém se arrisca a contrariar os desejos de uma criança que representa a realização de uma perfeição impossível e imperativa.

Encontramos com frequência, na clínica, pais e mães que afirmam não conseguir impor limites a seus filhos porque "eles não deixam". São adultos desnorteados, que desconhecem os fundamentos simbólicos de sua autoridade. Dizer a uma criança "eu não permito que você faça tal ou tal coisa" é um ato performático de linguagem que não precisa ser justificado, nem pode se sustentar com base em chantagens e ameaças. Nada funda esse ato a não ser a profunda convicção, por parte do adulto, de sua responsabilidade em relação à criança — e nada garante também que ele não seja injusto. Educar, no contexto contemporâneo, é assumir riscos ante a geração seguinte. É claro que, durante a adolescência dos filhos, os riscos assumidos pelos pais serão cobrados — mais uma vez, nem sempre de forma justa. Mas é possível responder à cobrança adolescente a partir do lugar da responsabilidade: "Eu assumi o encargo de cuidar de você e te educar; prefiro correr o risco de errar a te abandonar". Esse enunciado fundamenta-se no *desejo* de paternidade ou de maternidade. No limite, o adulto está dizendo: "Eu assumo educar você porque eu *quis* ser seu pai (ou mãe etc.)".

A recusa a correr esse tipo de risco coloca as crianças em estado de abandono. Não se trata necessariamente de um abandono amoroso. Pais extremamente afetivos podem deixar seus filhos à mercê de seus próprios impulsos, de sua fragilidade e de sua onipotência infantil, não por falta de amor, mas por falta de responsabilidade. O efeito é de abandono, pois a criança não pode arcar com o critério para as decisões dos adultos, como ocorre no caso de pais que só fazem o que os filhos "consentem".

O abandono sofrido pelas crianças mimadas de hoje — qualquer que seja a composição familiar a que pertençam — é o abandono *moral*. Não é porque a mãe, separada do pai, passa muitas horas por dia trabalhando; não é porque o pai decidiu criar sozinho os filhos que a mãe rejeitou; ou porque um casal jovem só tem tempo para conviver com a criança no fim de semana. O abandono, e a consequente falta de educação das crianças, ocorre quando o adulto responsável *não banca sua diferença diante delas.*

Fora isso, sabemos que todos os "papéis" dos agentes familiares são substituíveis — por isso é que os chamamos de papéis. O que é insubstituível é um olhar de adulto sobre a criança, a um só tempo amoroso e responsável, desejante de que essa criança exista e seja feliz na medida do possível — mas não a qualquer preço. Insubstituível é o desejo do adulto que confere um lugar a este pequeno ser, concomitante com a responsabilidade que impõe os limites desse lugar. Isso é que é necessário para que a família contemporânea, com todos os seus tentáculos esquisitos, possa transmitir parâmetros éticos para as novas gerações.

Necessário, mas insuficiente: se o espaço público não for revalorizado e se as responsabilidades públicas não forem retomadas, sobretudo no Brasil, a família sozinha não será capaz de dar conta da crise ética que estamos enfrentando. A situação se agrava no caso das famílias pobres, fragilizadas pela falta de políticas sociais e de construção da cidadania; nelas, o desvio em relação às fantasias de família ideal pode ser vivido como uma forma de desmoralização dos pais, o que dificulta a tarefa de educação dos filhos e pode produzir justamente a delinquência e a violência que se quer evitar.

Mas a restauração do espaço público não pode ser deixada a encargo do Um: um governante que represente, no imaginário popular, o patriarca protetor. Se existe uma correspondência entre as estruturas sociais e a estrutura familiar, nas repúblicas democráticas contemporâneas a costura do espaço público só se legitima se for fruto do trabalho e do pacto entre os cidadãos — que correspondem, na estrutura familiar, não aos pais, mas ao conjunto dos sujeitos que compõem a sociedade.

Sonhar com o quê?

Antes eu sonhava, agora nem durmo

(Grafite em um muro de São Paulo; 1979, antes da Anistia.)

"O sonho é uma realização de desejos." A frase de Freud sintetiza a premissa de sua monumental *A interpretação dos sonhos* (1900), que inaugura o século XX e consolida a perda da ingenuidade (pelo menos para o mundo europeu), iniciada por Copérnico, no século XVI — a Terra não é o centro do universo — e retomada por Darwin no final do XIX: somos todos descendentes dos primeiros antropoides. Ao afirmar que desconhecemos a motivação inconsciente de nossos atos, o criador da psicanálise inclui uma terceira desilusão nessa série: a evidência de que não somos senhores nem de nosso próprio eu. O inconsciente, esse Outro que nos habita, tem um papel mais importante na determinação de nossos atos, palavras e pensamentos que a firme vontade do Ego. Os sonhos, velhos portadores de enigmas e de premonições, nos trariam a "má notícia" da falta de autonomia da consciência que, apesar de vigilante, não é totalmente capaz de se precaver contra as formações do inconsciente.

A teoria freudiana rejeita a soberania da consciência. O inconsciente nos habita e as representações recalcadas se manifestam através dos sintomas neuróticos, dos atos falhos e dos sonhos. E sendo Freud quem foi — um demolidor de ilusões — não adianta tentar tingir de cor de rosa a ideia da "realização de desejos". Se recalcamos nossos desejos é porque eles estão em conflito com os ideais narcísicos do velho Ego freudiano (que não equivale ao Eu da teoria lacaniana, mas isso não vem ao caso aqui). Sonhos imorais, ilegais e mesmo, por vias indiretas, sonhos angustiantes (os pesadelos) também estão incluídos nessa proposta. "O autoconhecimento", me disse com humor um antigo analisando, "é sempre má notícia."

Por isso, não é preciso torcer a teoria para tentar incluir entre as realizações prazerosas de desejos os casos dos sonhos coletados pela jornalista Charlotte Beradt. A autora entrevistou, em sigilo, cidadãos alemães que se dispuseram a coletar seus sonhos quando Hitler foi eleito, em 1933, todos eles marcados pela angustiante intuição do que estava por vir. Intuições que se confirmam em sonhos dos anos seguintes, pois a pesquisa de Charlotte Beradt estendeu-se até 1939. A maior parte dos entrevistados não relata sonhos movidos pela necessidade de realizar, simbolicamente, certos prazeres proibidos; o que se depreende de seus resultados tem mais a ver com outra função da elaboração onírica: a de tornar a experiência, ou a antecipação do horror — que muitos de fato prefeririam ignorar — representáveis para o sujeito. Vale retomar mais um aspecto da teoria para esclarecer que "realizar desejos", para Freud, não significa apenas torná-los representáveis, mas também permitir a passagem de um sistema psíquico (o inconsciente) a outro (a consciência). Segundo as rigorosas articulações da metapsicologia freudiana, expressar um desejo recalcado tem a mesma função de realizá-lo. O que se satisfaz através do corpo é a pulsão. O plano de realização de desejos é o simbólico. No sentido metapsicológico, até mesmo um sonho que se limite a representar uma situação ameaçadora que o sujeito se sente incapaz de compreender se presta à função de "realização de desejos", ou seja: de descarga de representações psíquicas angustiantes pela via da elaboração onírica.

Em seu excelente prefácio à tradução brasileira de *Sonhos no Terceiro Reich*[1], o psicanalista Christian Dunker sugere que os sonhos compilados no livro "apenas ressoam e testemunham como a falta de sentido experimentada na vida social ordinária era tratada pela falta de sentido dos sonhos, ou seja, que nem todos os absurdos são equivalentes". De fato, se o "absurdo" do conteúdo manifesto do que sonhamos em condições ditas normais remete a representações recalcadas de desejos obscuros para o sonhador, no caso dos sonhadores que viveram em vigília o pesadelo do Terceiro Reich a função mais importante do sonho talvez fosse a de assegurar ao sonhador que ele não estava louco. O médico que sonha que as paredes de sua casa de repente se dissolveram, não por acidente, mas em obediência a um "edital sobre a eliminação de paredes", não estaria expressando

---

[1] Charlotte Beradt, *Sonhos no Terceiro Reich* (São Paulo, Três Estrelas, 2017).

uma percepção, recalcada porque horripilante, da máquina de vigilância posta em ação pelo regime totalitário?

É óbvio que não se trata aqui do recalcado sexual. Ou não só. O livro de Beradt revela que a realidade do sistema totalitário se impõe às formações do inconsciente como o retorno sinistro do Pai da Horda Primitiva, tornado possível quando o Estado concede a seus próprios agentes a prerrogativa de agir fora da lei. Não me refiro aqui ao "código penal", mas à lei que barra o incesto e, com ele, todos os excessos de gozo — inclusive a crueldade. Nos regimes totalitários, não há limites para o gozo do Outro — seja o Estado, o *Führer*, o tirano. Esta é a descrição mais sucinta do desamparo generalizado nos regimes de exceção: o Outro está autorizado a gozar além de todos os limites permitidos — e o cidadão indefeso se vê como a provável vítima dessa orgia sadiana.

Os sonhos recuperados nessa pesquisa cumprem funções protetoras, ainda que desagradáveis e angustiantes. Por isso realizam desejos, mesmo na forma do pesadelo. Cumprem, por exemplo, a função de detectar o perigo que os mecanismos de defesa do ego impediram o sujeito de perceber. A de expressar o terror — o mesmo que o sujeito já experimentava em vigília, mas talvez não conseguisse colocar em palavras. Quando o terror instituído na vida social se reproduz no sonho, é sinal de que o Estado teria realizado plenamente seu objetivo totalitário.

Há sonhos em que o sujeito aciona fantasias onipotentes de resistência. Uma mulher sonha com a repetição da frase "Precisamos protestar". A seguir a mesma pessoa relata outro sonho em que foge em um barco, munida de uma faca de cozinha quebrada, com que perfura, não um agente da SS, mas uma "camisa esportiva". "Meu camarada diz: 'Desculpa' digo: 'Tanto faz se eu olho ou ajudo'. O homem [esfaqueado] cai. Vem o próximo; dessa vez, ajudo, como era de se esperar. Assim liquidamos todos, um após o outro." No final, a sonhadora parece não suportar a violência a que ela e o companheiro recorreram para se salvar. Seu sonho inventa então que o barqueiro não era um algoz — ele também desejava fugir. Ela conclui: "O homem, que porta um boné, nos parece tão sincero, tão amedrontado, que acreditamos nele". Charlotte Beradt observa que a figura do homem que fora obrigado a conduzir o barco seria uma prova de que a sonhadora "via claramente esse aspecto da situação". Tal figura, diz Beradt, "nós agora o conhecemos bem". Seriam os que delatavam seus vizinhos, seus colegas de escola, os que colaboravam com a repressão.

Em alguns casos, os sonhadores também tentam concordar com a lógica do terror, como se o sonho aliviasse sua angústia, ao minimizar a oposição entre os sujeitos (judeus, perseguidos, ameaçados) e a ordem nazista. "Concordar" seria (hipótese minha) um artifício criado a fim de reduzir um pouco os riscos a que os sonhadores estavam expostos, em vigília. Na mesma linha, temos os sonhos que tentam atribuir sentido ao projeto absurdo do Terceiro Reich. Entre os relatos de sonhos de resistência e de indignação contra o regime, a autora registra outros sonhos que revelam desejos de trair. De mudar de lado e se salvar. Não temos o direito de censurá-los. Uma moça sonha que, em uma celebração do regime, a princípio ri de uma canção política e, a seguir, começa a cantar junto. Um homem sonha que foi nomeado como guarda-costas de Göring. Outra, ainda, sonha que entra em um ônibus e grita "alto, para todos os passageiros: Heil, Hitler". E ainda um homem sonha apenas com a frase "Não preciso mais dizer sempre não". "A liberdade como peso, a servidão como alívio", conclui a autora.

No posfácio, o historiador Reinhart Koselleck elogia a decisão da autora de se recusar a apresentar os sonhos recolhidos como "testemunhos de conflitos pessoais". Eles revelam com nitidez a cena política da época. Em vez de realizações de desejos, talvez seja mais adequado considerar seu "valor de prognóstico". A ordem totalitária talvez tenha devolvido aos sonhos seu mais antigo valor: o da premonição do que estava por vir. E com isso, a vida onírica trazia à consciência do sonhador aquilo que ninguém ousava imaginar, em vigília.

A necessidade da
neurose obsessiva[1]

Os textos reunidos na coletânea *A necessidade da neurose obsessiva* traçam um painel quase completo (o *quase* é obrigatório para nos manter do lado do não todo) do que a psicanálise tem a dizer a respeito da neurose obsessiva. O que se poderia acrescentar em um prefácio? Devo fazer a apresentação dos textos, sim; esta costuma ser deixada para os parágrafos finais, mas prefiro apresentá-los na medida em que dialogo com os autores. Que este prefácio seja um diálogo, então.

Assim, será possível evitar o caminho do "o que ainda falta escrever", para não cair na cilada contra a qual nos adverte Alfredo Jerusalinsky ("Manual de instruções para refazer o pai a cada instante"): a de mimetizar, na reflexão sobre a neurose obsessiva, o sintoma característico do próprio neurótico — fazer com que "nada" falte. A via analítica me estimula a enveredar pelas questões que os textos dos colegas me suscitam. Em meio à diversidade das abordagens, foi possível localizar uma trilha marcada por repetições. Será legítimo falar em "repetições sintomáticas", em se tratando de reflexões teóricas escritas por psicanalistas amadurecidos na prática clínica? Creio que sim, com a ressalva de que nesse caso refiro-me ao que faz sintoma *na teoria*, e não, evidentemente, nos autores.

Onde há recalque, há repetição — na escrita teórica, o "recalcado" é apenas evidência de que, da verdade, só se pode dizer uma parte. O que a teoria revela

---

[1] Prefácio para o livro organizado pela Associação Psicanalítica de Porto Alegre, *A necessidade da neurose obsessiva* (Porto Alegre, APPOA, 2003).

implica necessariamente uma contrapartida de não dito, mesmo quando não se trate de um interdito. Todo enunciado destaca um esforço de simbolização contra um imenso pano de fundo de silêncio. É dessa impossibilidade de tudo dizer que emergem as repetições, "sintoma" de que a teoria se compõe tanto do que ela inclui quanto do real que se exclui, portanto insiste.

O traçado das repetições, que chamou minha atenção durante a leitura dos textos incluídos no livro, diz respeito à relação entre as modalidades de sofrimento psíquico e as formações sociais. Dito de outro modo — e aqui tocamos numa questão silenciada pela psicanálise contemporânea, em relação à qual os colegas da APPOA demonstram grande sensibilidade: são referências passageiras, mas insistentes, que apontam para a historicidade do sujeito da psicanálise. A questão que se repete com diferentes formulações nos textos aqui reunidos revela, no dizer de Jaime Betts ("Neurose obsessiva, supereu e medo de mulher"), pontos em que história e estrutura se articulam. Em termos gerais, isso significa dizer que a interdição do incesto, condição que estrutura o humano, opera na forma de um *dito a respeito do incesto* — é um "interdito (que) deverá se sustentar no seio das próprias palavras" (Jean-Pierre Lebrun, "A violência do obsessivo"). Tudo o que ocorre no "seio das palavras" está sujeito à ação da história, que constrói e modifica os modos de dizer. Mas a investigação da historicidade pode avançar além desse ponto fundante — a contingência dos dizeres a respeito do incesto — e nos lançar em busca de outras relações entre a subjetividade e a cultura, ou entre as neuroses e os tempos. Pode nos levar a compreender a necessidade social de uma neurose — no nosso caso, a neurose obsessiva.

Como o laço social convoca uma neurose

Algumas formações sociais estáveis, escreveu Freud, dispensam os sujeitos da *necessidade de elaborar uma resposta neurótica* aos conflitos. Essa passagem de *Totem e tabu* refere-se à diferença da constituição subjetiva dos sujeitos que buscam a psicanálise, em comparação com a dos membros de algumas sociedades primitivas onde as proibições-tabu estavam claramente formuladas na cultura, e onde as consequências das infrações eram prescritas com enunciados ao alcance de todos. Estas, além de uma permanência mais duradoura no tempo, são as características das "formações sociais estáveis" referidas por Freud. Nós, modernos, subjetivamo-nos de maneira muito diferente da que ocorre com os membros de culturas nas

A necessidade da neurose obsessiva | 171

quais talvez não se possa dizer que o inconsciente seja o "discurso do Outro" com tanta certeza quanto se diz da modernidade. Em outro texto trabalhei detalhadamente a hipótese de que "o inconsciente como discurso do Outro" seja uma proposição típica da modernidade.

Nas "formações sociais estáveis" pré-modernas, a trama simbólica que sustenta os sujeitos seria relativamente evidente para todos. Os estudos de Lévi--Strauss nos dão notícias de tais formações sociais, onde os sujeitos "sabem" das contingências de estrutura que os determinam — saber sobre o simbólico tornado consistente pela forte presença de mitos que fazem suplência imaginária a um tempo de origem da Lei e das leis. São culturas onde o assassinato do pai, periodicamente atualizado pelo rito, não cairia no esquecimento; onde o lugar do pai morto estaria solidamente representado — veja-se a função do totem, por exemplo — como ordenador das interdições e dos lugares ocupados pelos filhos.

No pensamento freudiano, todo laço social dito civilizado é tributário da morte do tirano. A psicanálise, por sua vez, é tributária de um período de decadência do patriarcado — creio desnecessário demonstrar que o patriarca não se confunde com o tirano. O enfraquecimento do poder patriarcal, escreve Elisabeth Roudinesco, foi uma das condições para que as moções de desejo dos filhos, até então abafadas pela autoridade paterna, ganhassem expressão (sintomática) fora da família. O que remete a uma consequência óbvia: se o declínio do patriarca é condição da descoberta psicanalítica, é porque foi condição da emergência do sujeito neurótico, tal como a psicanálise o deu a conhecer.

O patriarca não é o pai da horda; não é nem sequer um soberano. As sociedades patriarcais dos primórdios da instauração da ordem burguesa foram uma espécie de solução de compromisso entre a falta de dispositivos representativos de uma suposta Lei imposta pelo pai (morto) e o papel central da família nuclear na ordenação das relações de poder naquelas sociedades. Nem Deus (cuja onipotência ficou bastante abalada pelas consequências da Reforma da Igreja, da filosofia das Luzes e do surgimento do Estado laico moderno) nem o monarca (destituído ou "castrado" pelas revoluções burguesas) eram mais capazes de ocupar o lugar do UM, ordenador do laço social. Que esse lugar tenha sido ocupado pelo *pater familias*, como *delegado* de um poder *abstrato*, já representou um passo imenso em direção à emancipação e ao consequente desamparo do sujeito moderno. Ou, o que seria outro modo de dizer o mesmo: que o pobre-diabo que nos concebeu, ainda que revestido de autoridade legal, tenha sido nos séculos XVIII e XIX o que restou das grandes formações sociais tradicionais ordenadas a partir de UMA referência sólida, foi a primeira condição tanto da liberdade quanto da alienação características da subjetividade moderna. As neuroses seriam, segundo essa hipótese, *modos de alienação* característicos das formações sociais da modernidade.

A decadência até mesmo daquele micropoder patriarcal, imposta pela pulverização de referências característica das sociedades capitalistas (por exemplo: vasta circulação de bens + grande proliferação de discursos sobre o bem), só fez radicalizar o centramento dos sujeitos sobre "si mesmos", sobre um *self* identificado com a consciência vigilante. Centramento tão imperativo quanto precário — estou me referindo, é claro, aos impasses do individualismo moderno, dos quais o neurótico obsessivo é a figura paradigmática. É assim que compreendo a afirmação de Lacan, de que a neurose obsessiva seria *a neurose* por excelência. Ou seja: se as formações sociais estáveis liberam o sujeito da necessidade de elaborar uma resposta neurótica ao conflito (Freud), a neurose é exatamente a resposta que se produz no contexto das formações sociais *instáveis*, cujas determinações simbólicas situam-se fora do alcance dos sujeitos (i.e., são inconscientes) e cujo poder, aperfeiçoado na passagem de soberano a disciplinar (cf. Foucault), opera a partir do próprio engajamento subjetivo dos homens, isto é: a partir de um modo radical de alienação.

Que elementos nós temos para supor que a neurose obsessiva tenha sido o paradigma da subjetividade moderna, assim como talvez a histeria seja o paradigma contemporâneo? No século XIX a neurose obsessiva era pouco visível na cultura: era o modo "normal" de subjetivação. Só nos casos de impasses sintomáticos muito graves alguns (poucos) obsessivos buscaram a escuta atenta de Freud. Contra um pano de fundo social onde o obsessivo se movia relativamente bem — percebendo seus sintomas como "ego sintônicos" — destacou-se a demanda impertinente da histeria, representante de um desajuste, de um mal-estar não nomeado nas sociedades vitorianas.

Se hoje os obsessivos, ainda que numerosos (incluindo um exército cada vez maior de mulheres), nos parecem um pouco deslocados, um pouco anacrônicos ou mesmo ridículos com suas restrições autoimpostas, seus rituais de "refazer o pai a cada instante" (cf. o texto de Alfredo Jerusalinsky), seu excessivo sentimento de responsabilidade em sustentar a crença na infalibilidade do Outro ("o mito individual do obsessivo se constrói ao redor da fé no Um", escreve Betts), é porque a sociedade tornou-se histérica. Hoje, ao contrário do que ocorria quando

Freud escreveu seus *Estudos sobre a histeria*, é o obsessivo que denuncia (muito mais discretamente do que as histéricas freudianas) o mal-estar produzido pelas condições que organizam o laço social.

É claro que também a histeria é uma tentativa de responder aos impasses subjetivos criados pelas condições modernas — só que hoje a resposta histérica nos parece, digamos, mais *up to date*. Apesar da "fuga para diante" do obsessivo, é a histérica que tem como mecanismo de defesa uma pretensa desimplicação com o passado e com a dívida simbólica, que o obsessivo sustenta com seu sintoma. A histérica acompanha a atualidade, a moda; está sempre tentando ser infiel à origem, à versão que ela faz do "pai" que a subjuga desde o inconsciente. O obsessivo é anacrônico porque busca refrear o tempo que o empurra para a morte, mas também porque vive empenhado em restituir, às custas de seu sintoma, a virilidade do patriarca decaído (cf. Ana Maria da Costa, "Dialética do dom: sobre a cisão entre órgão e função"). É um ambíguo defensor da lei, tomada ao pé da letra — artifício que o impede de simbolizá-la, mantendo dessa forma o pai vivo. O Nome-do-Pai não simbolizado impõe-se ao obsessivo como uma ordem, lembra Lúcia Alves Mees ("O luto e a foraclusão na neurose obsessiva").

Além de tudo, o obsessivo nos parece anacrônico em função de seu apego ao passado: é o nostálgico de um *ser* perdido em um tempo mítico, no qual supôs ter sido o falo de sua mãe. A histérica, por sua vez, equilibra-se como pode nas malhas do presente em busca dos que atestem aquilo que ela sabe *ter* para *ser*: um corpo (para ter falo), um adorador (para ser falo). Neste ponto, posso situar uma primeira proposta a respeito da relação entre a neurose e a modernidade: que a *falta a ser* própria do humano se represente como falta de *ser o falo* para o Outro é contingência de um tempo em que as formações tradicionais que garantiam a ilusão do *ser* — a filiação ou o "sangue", o pertencimento a uma casta ou a uma comunidade — perderam sustentação.

O sintoma obsessivo tenta refazer os poderes de um pai que o sujeito supõe ter assassinado — sozinho. Ele é o poeta do mito freudiano, filho predileto de sua mãe, que reinventa a narrativa da morte do tirano colocando-se no lugar do herói. Usurpador do lugar dos irmãos, o obsessivo se esquece de que a morte do pai resultou de um ato coletivo. Não sabe que a dívida que o atormenta, da qual tenta se esquecer e que se atualiza no sintoma, não é para com o pai tirânico, legitimamente assassinado, mas para com a coletividade que matou o pai e instaurou a Lei, deslocando os homens da tirania do UM para a tirania do desejo inconsciente. Presa das ilusões individualistas, o obsessivo acredita cumprir o ideal moderno do *self-made man*; pensa-se como senhor do seu destino, portanto culpado do ato que o libertou do pai da horda. Ao tomar a Lei ao pé da letra — atitude que cabia muito bem no contexto do rígido código burguês do século XIX, e que hoje parece ridiculamente ultrapassada — o que o neurótico obsessivo tenta anular é o caráter simbólico da interdição ao gozo. Seu desejo de ficar sozinho com a mãe, de ser seu homenzinho, é tão ameaçador que ele invoca não o pai da Lei, mas o velho patriarca castrador, tornado obsoleto nas democracias modernas. O problema é que, como vai nos mostrar Jaime Betts ("Neurose obsessiva, supereu e medo de mulher"), o obsessivo não sabe o que é ser um homem — o que faz fracassar sua pretensão a *self-made man* e o lança na busca de um pai exemplar. Desejo inconsciente de submissão e moções de desafio à Lei combinam-se formando esse perfeito representante dos tempos que viram nascer a psicanálise.

A histérica está mais atualizada, denuncia com espalhafato a impotência paterna em nomear o desejo dela. Enquanto o obsessivo avança para trás em busca da restauração do pai morto (que o libertaria da castração simbólica), a histérica nomeia substitutos para *não* desejar, e assim garantir um lugar (uma certeza sobre o *ser*) no desejo que o pai tivesse renunciado. Dizemos tão automaticamente *o* obsessivo e *a* histérica, a despeito de todas as evidências (desde Freud) de que há neuróticos dos dois tipos entre homens e mulheres, que chego a pensar se a neurose obsessiva não se associa automaticamente à masculinidade por ser essa uma posição *acuada* no mundo contemporâneo. O que restou, entre as determinações simbólicas do campo da masculinidade, todo invadido pelo avanço das mulheres, a não ser a possibilidade de um homem afirmar-se defensivamente como *não tendo nada a ver com a feminilidade*? Mas como o obsessivo pode recusar a identificação com a feminilidade, ele que vive assolado por fantasias de penetração, fruto de seu amor pelo pai, a não ser permanecendo acuado frente a seu desejo? As mulheres, por sua vez, vêm reescrevendo seu campo identificatório a partir de sucessivos avanços sobre o território "deles". A feminilidade é demanda de falo? Por isso é feminina a histeria, ainda quando a encontramos em um homem. A masculinidade é defesa angustiada de uma suposta posse fálica? Por isso é masculina a obsessividade, ainda quando incida sobre uma mulher.

O zelo pela soberania do eu

Quero recuar um pouco em busca de outras afinidades entre a neurose obsessiva e o sujeito moderno. Penso que a mais determinante é a tentativa do obsessivo de centrar-se no *eu* (*moi*), mantendo-se o mais alheio quanto possível do *je*, sujeito do desejo. Esse "apego ao eu" me foi sugerido pelo texto de Liz Nunes Ramos ("Voz impessoal e mutismo"), e está também em "Anal e sexual", de Lou Andreas-Salomé, muito oportunamente traduzido para a presente coletânea. É claro que essa operação já indica um modo específico de divisão subjetiva, característico das sociedades burguesas, onde os sujeitos são obrigados a sustentar seu lugar como falo do Outro por conta própria, desamparados de determinações de sangue, ou seja: desamparados da garantia paterna. É aí que o sujeito, supostamente centrado no *eu*, compromete-se mais radicalmente com uma submissão ao Outro, tentando apagar todas as evidências de uma singularidade que o deixariam à mercê de... ninguém. À mercê de Ninguém.

O obsessivo é o homem moderno por excelência — se considerarmos o século XIX como o apogeu da modernidade — porque é um mestre nessas operações de anulação da voz do *je*, que o determina mais que nunca. Seja às custas do apagamento das conexões entre sentido e ato, analisado por Liliane Froemming em "Em busca das conexões perdidas"; seja ao preço das inibições e do mutismo — recusa da palavra plena — lembrados por Liz Nunes Ramos; seja pela foraclusão artificial do nome do pai como tentativa de apagar sua condição de sujeito desejante, indicada por Lucia Mees.

Essa tentativa de centramento do sujeito no *eu* (*moi*) lembra o que o crítico literário Luís Costa Lima chama de "sujeito solar" da modernidade, convocado a ter pleno controle sobre todas as suas representações. Podemos abordá-lo de outros ângulos. Por exemplo, como o senhor (ou escravo?) de uma consciência implacavelmente autovigilante. Como controlador de impulsos obscuros, atormentado por sentimentos de asco e vergonha que o texto de Lou Andréas-Salomé relaciona brilhantemente com, de um lado, a precariedade do controle da consciência sobre o *isso* e, de outro, com os fracassos do sujeito em desimplicar-se do desejo. É na relação entre os impulsos que produzem asco e as contingências do isolamento do obsessivo que Salomé situa a analidade — propondo o anal como metáfora do que separa e o oral como metáfora do que une, incorpora. O que envergonha o obsessivo em relação a seu gozo, acrescenta Lou Salomé, é o isolamento do ato que ele não divide com parceiro algum.

É pela via dessa mesma relação entre o gozo e o isolamento que podemos encontrar o preço altíssimo cobrado de todos nós pelo "processo civilizador", título do livro decisivo do sociólogo Norbert Elias. O obsessivo representaria a mais completa tradução de um processo secular que, desde o início do Renascimento, introduz uma separação entre funções sociais e funções corporais. Desde os primórdios da passagem das sociedades feudais para as sociedades de corte, a consciência moral veio se fortalecendo como poder coercitivo *individual* incidindo, primeiro sobre os impulsos e expressões do corpo, a seguir sobre as representações verbais dirigidas aos outros, até se instalar nas sociedades modernas como (falso) representante da verdade do sujeito, capaz de fazer calar até mesmo os pensamentos inconvenientes. O texto de Elias parece uma descrição do processo de instauração da soberania da consciência no Ocidente. Ou da longa passagem das operações do poder soberano para o poder disciplinar. Ou do longo processo de subjetivação que resultou nos neuróticos freudianos.

Faz sentido pensar que esse Outro negado (ou tornado inconsciente) em nome de um mandato de integridade e identidade que submete o homem moderno — mandato de fazer Um consigo mesmo — retorne, como nos lembra Ana Costa, na forma da fantasmagoria do duplo, a um só tempo o perseguidor e o representante da verdade do sujeito. O fato de que a sociedade burguesa oitocentista a um só tempo consagra o sujeito solar e agudiza as condições de sua fratura é evidenciado pela forte presença do imaginário do duplo na literatura dos séculos XVII a XIX, de Poe a Schnitzler, de Goethe a Hofmann.

O obsessivo é aquele que se confunde com suas representações solares ou (na expressão de Jerusalinsky) "acredita ser o semblante que se constitui na sua neurose". Vamos encontrá-lo sempre muito ocupado com seu *eu* (*moi*), que ele administra com zelo de quem tenta, em vão, evitar que um estranho penetre. Nenhum outro. Nenhum Outro. Tanto zelo conduz à inibição dos atos que poderiam abrir caminho para as representações recalcadas (Liz N. Ramos). Ou ao outro sentido da inibição, muito bem detectado por Yeda Prates da Silva ("A inibição na infância e as fronteiras da neurose obsessiva"): aquela recusa a pôr à prova, em ato, uma potência que fica sempre prometida na forma de um... potencial. Potência inflada na fantasia, que preserva eternamente a esperança depositada sobre o querido bebê: satisfazer plenamente a mamãe. Potência temida, ante a qual o obsessivo recua fazendo-se de impotente.

O tempo da delicadeza do neurótico obsessivo

Pobres obsessivos: o mundo contemporâneo não lhes concede mais nenhuma grandeza. Os analistas rendem homenagens de respeito à face trágica das psicoses; deixam-se enganar alegremente pelo suposto saber erótico dos perversos; e são, desde as origens da psicanálise, fascinados pela estetização um tanto *kitsch* da mascarada histérica. Mas os comentários sobre os sintomas e as ritualizações obsessivas vêm sempre acompanhados de um discreto sorriso de escárnio. Representante de um modo de subjetivação ultrapassado (até mesmo em função da incidência da psicanálise sobre o laço social), o obsessivo pode parecer às vezes um pouco ridículo. Mas sejamos justos: com seu apego ao tempo dourado de uma infância que não houve, com sua sensibilidade aguda para os detalhes mais inesperados, típica do "caráter anal", com sua frágil coleção de fragmentos de uma memória cujas conexões não consegue restabelecer — mas que, por isso mesmo, conserva com um zelo de arqueólogo — o obsessivo pode ser um mestre da delicadeza.

O analista não deve se confrontar com a delicadeza do obsessivo. Se o analista deixar que o obsessivo perceba como ele considera ridículos seus rituais, ou hipócrita seu moralismo que simula extrema consideração ao outro para simplesmente mantê-lo fora de contato, o *supereu* obsessivo fará uma aliança com ele. O obsessivo é fiel ao *moi*, não ao *je*. Não hesita em adotar o ponto de vista de um outro, quando este lhe parece dotado de autoridade moral. Quer ser um bom aluno em análise, para com isto conseguir o que todo bom aluno almeja: decorar a matéria e não aprender nada da lição.

A delicadeza do obsessivo é a porta de contato do "sujeito solar" com aquilo que o fratura. É por onde ele se desajusta de uma fala sintonizada com o suposto desejo do Outro. É por onde o obsessivo é obrigado a engolir as evidências de sua singularidade. Ele é fiel a suas delicadezas: relíquias de infância, maniazinhas masturbatórias, sensibilidades corporais secretas oferecidas ao toque da mãe primordial. É fiel: mas se envergonha delas. Ninguém é mais suscetível de constrangimento do que um obsessivo ego sintônico, protótipo do burguês vitoriano autoconsciente de cada gesto, de cada palavra pronunciada em público. Ninguém é mais "secreto" que um obsessivo. As proibições autoimpostas — simulacro da Lei tomada ao pé da letra — ensinam-no, no dizer de Lou Salomé, a *apoiar-se em si contra si mesmo*. As sutilezas secretas do prazer anal são o recurso com que o obsessivo conta para *recuperar a si mesmo*; são o que restou de sua fidelidade ao *je*: não desprezemos a analidade.

Diante desse segredo, o analista deve ser ainda mais delicado. Jean-Pierre Lebrun sugere a atitude de uma benevolência que ultrapasse os limites da neutralidade analítica. Penso no humor, capaz de introduzir no laço transferencial uma outra modalidade de sutileza que o obsessivo entenderá muito depressa. Ao pronunciar algum dito chistoso que permita ao analisante perceber que o analista não ri *dele* — ele bem sabe o quanto pode ser ridículo para o outro — mas o convida a rir *com ele*, o analista do obsessivo introduz uma possibilidade do sujeito trair os rigores do supereu sem sucumbir à angústia. O humor introduz uma nova estratégia de abordagem do supereu sádico, uma nova estratégia para "recuperar a si mesmo" diferente das artimanhas da analidade. Ou então, seria um modo de trazer as sutilezas do sadismo anal para o espaço público: o chiste é o que nos autoriza a falar daquilo que não é de "bom tom" mencionar. O humor também pode ser um recurso do analista para mostrar que "o rei está nu", ou seja: expor as evidências da falta no Outro de um modo que a tenacidade argumentativa do obsessivo não saberá remendar.

A passagem pela análise não tem o poder de apagar, nem de refazer, os circuitos pulsionais que inscrevem os modos de gozar de cada um. A analidade obsessiva não é uma modalidade de fixação regressiva que pode ser desfeita ao se remover o recalque que impedia os caminhos da genitalidade; ela é propriamente um *modo de dizer*, um estilo, uma dialética na qual o sujeito se situa, como escreve Ana Costa, do lado do dom. Um dom sem perda! Um dom "retido" em potência, nos ensina Yeda Prates, que "jamais é posta à prova através do ato". A castração simbólica, para o obsessivo, implica a passagem delicada da potência do segredo ao ato de palavra. Palavra plena capaz de colocar em evidência a castração no Outro — por isso o obsessivo teme essa potência. A castração simbólica, condição do ato de palavra, é a via para que o obsessivo se liberte do fardo pesado de sustentar com seu sintoma aquilo que, nas relações de poder que costuram o laço social, já fracassou.

Blefe![1]

A queixa se ouve com frequência nos consultórios psicanalíticos. Parece fazer mais sentido quando parte das mulheres; refere-se, talvez, ao desempenho — amoroso, sexual, profissional: "No fundo, sei que sou um blefe. A qualquer hora vão me descobrir; é só questão de tempo". O óbvio ocorre ao analista. A mulher é, por definição, um sujeito que blefa. Que se faz mascarada para ocultar uma falta. Que se faz "toda" fálica para se compensar da castração. Etc. etc.

De fato, uma histérica pode facilmente identificar-se como alguém que blefa — não o tempo todo, não enquanto o sintoma está em pleno funcionamento, mas quando alguma coisa falha e ela se depara com o vazio por trás do *semblant*. Qual o blefe da histérica? Sobretudo, o blefe do amor. Ao se fazer toda entrega, objeto para o desejo do outro, ela aposta no outro para que lhe indique algo a respeito do ser. Eu me dou toda, embrulho para presente a minha castração para que o homem, com seu desejo (e sua potência fálica), me faça uma mulher. A mulher *dele*. Esse é um blefe muito caro aos psicanalistas, e não são raros os que acreditam nele. Mas *custa caro* à histérica, que "escolhe" (no sentido que se atribui a uma escolha de neurose) renunciar ao que se possa construir pela via do *ter* — uma vida, um nome próprio, um destino, uma história — para apostar tudo na via do ser. Ser o falo para o outro.

---

[1] Publicado na *Revista da Associação Psicanalítica de Porto Alegre*, n. 17, nov. 1999, p. 79-82.

180 | Tempo esquisito

Feita essa manobra, a histérica aposta tudo num amor que ela pode exigir que seja excessivo, a fim de mascarar o ódio que ela sente por tentar ficar o tempo todo, *para o outro*, do lado da castração. Do lado da que nada sabe, da bobinha que (finge que) acredita que o homem amado detenha o falo e o saber. Da que depende que o outro lhe diga etc. A histérica blefa que ama. Ela vai cair fora na primeira oportunidade, ou na primeira decepção — quando perceber que o homem não tem nada a lhe esclarecer sobre quem ela é, já que só pode lhe devolver (caso esteja apaixonado) o efeito de sua própria mentira.

Isso não significa que o blefe, na histeria, consista no que se faz para mascarar a falta — embora histeria e neurose obsessiva sejam simplesmente duas modalidades do sujeito se defender da castração. O malabarismo da histérica é bem mais sutil e consegue que a falta seja parte integrante do blefe — o que é bem interessante, e nos obriga a repensar a castração independente das evidências, anatômicas ou existenciais, da falta: pois como é que a histérica consegue, oferecendo-se ao outro como *pura falta*, defender-se da castração? Para entender essa manobra é necessário articular a castração ao desejo (óbvio), por conseguinte ao desejo do outro, que no amor e na transferência pode encarnar o Outro e finalmente, o saber — saber do Outro, a respeito do ser. Se o Outro lhe garante um lugar do lado do ser, a defesa histérica contra a castração funcionou. Ainda que isto lhe custe... *ser toda castrada!*

Só que o assunto desta Jornada é a neurose obsessiva. Aqui se trata não exatamente da queixa a respeito de um blefe por parte do analisando, mas da *denúncia* de um blefe no Outro (mesmo que a denúncia se volte contra o próprio sujeito). Vamos ver se chego a entender alguma coisa a esse respeito.

Há três anos, num congresso em São Paulo sobre psicopatologia fundamental, fui convidada pelo organizador, o professor Manoel Berlinck, a falar sobre neurose obsessiva. Confesso que me senti um tanto constrangida por ter sido encarregada desse tema, e comecei contando para a plateia sobre esse sentimento. A histeria tem seu esplendor, a psicose sua aura trágica, a perversão seu fascínio — mas a neurose obsessiva é sempre um pouco ridícula. O obsessivo é o *careta* entre os neuróticos, e sempre relatamos seus sintomas com um certo sorriso de ironia.

Seus sintomas são picuinhas. Seu sofrimento consiste em ter que se haver com mandatos e injunções simultâneas, contraditórias e absurdas, referentes a pequenos detalhes da ordem cotidiana pelos quais um histérico, por exemplo, passaria batido. O obsessivo é o síndico; o legalista; o bedel. O que tenta barrar qualquer excesso no gozo do seu semelhante, que possa lembrar-lhe tudo quanto ele mesmo não se permite. Ainda quando seu sintoma se manifeste na forma da "delinquência por sentimento de culpa", é para afirmar a lei, para fazê-la funcionar *ao pé da letra*, que ele comete alguma transgressão e se faz castigar.

Pobres obsessivos, que se levam a sério demais e sobretudo, que levam o Outro a sério. Se o paranoico se vê constantemente ameaçado de ser arrebatado pelo gozo do Outro e responde à convocação colocando-se no centro de uma cena grandiosa — o palhaço de Deus (Nijinsky), a mulher de Deus (Schreber), o encarregado de barrar os anjos do apocalipse (Bispo do Rosário), o obsessivo sente-se compelido a responder ao Outro, continuamente. Não interpela o Outro como na histeria, pois para isso precisaria estar do lado feminino, o lado da castração. Ao Outro, o obsessivo desafia e responde. O saber do outro *existe*, sem furos, e lhe aparece sempre como algo que ainda lhe falta dominar. É um "paranoico de pequenas causas", que não sabe, ou mais — não pode — deixar nada barato.

A ambiguidade ou a imprecisão das instâncias simbólicas lhe são intoleráveis, pois revelam a fragilidade e a falha nessas instâncias. A cadeia é conhecida: falta no Outro = falta no sujeito. Disso é que ele não quer saber, e para não saber, segue respondendo (a uma pequena pontuação do analista, por exemplo) até que a ordem se restaure.

Quando um obsessivo se refere a um blefe, há que diferenciar entre o blefe que ele percebe, e denuncia, e o blefe que ele sustenta sem perceber.

O blefe que o obsessivo se encarrega de denunciar é a inconsistência no Outro, que o faz sofrer ainda mais quando ele a pressente refletida em si mesmo. Boa parte das tristes histórias de fracassos repetidos na vida profissional ou intelectual, por exemplo, advém dessa manobra: ao ser posto à prova o obsessivo prefere falhar, ou mesmo desistir, convicto de que não sabe o suficiente. Assim, ao deter-se no umbral do que seria *todo* o saber do Outro, ele se impede de vir a saber que o outro não é *todo*... e que qualquer saber (isto é ainda pior!) está sempre a se (re)construir, inclusive com sua modesta colaboração. Assim não dá, denuncia o obsessivo; este mundo não é sério. Como é que eu posso acreditar numa instância superior, se ela precisa *de mim* para se sustentar?

Todo esse esforço para não matar o pai; para não ter que separar o pai (real) da Lei (isto é, simbolizar o pai). Por isso, para o Homem dos Ratos, a consequência de um ato comprometido com o seu desejo seria que algo terrível acontecesse ao pai — um pai já falecido por ocasião de sua análise com Freud. Todo esse esforço para conservar a equivalência (infantil) entre o pai e a Lei. Para não ter que ocupar seu lugar entre os irmãos parricidas, que fizeram valer seu desejo e a seguir instauraram o pai simbólico para proteger-se da própria barbárie, do próprio desamparo.

Escrevi que o obsessivo denuncia o tempo todo o que ele julga ser um blefe no Outro, já que não pode admitir a inconsistência no simbólico como algo que é próprio da condição humana, nem a fragilidade da linguagem, nosso principal recurso para domesticar o real.

Além disso, existe o blefe da própria neurose obsessiva, do qual o sujeito neurótico não se dá conta. Sua preocupação com as regras, com as pequenas exigências da lei, com os compromissos, com a opinião do semelhante etc. etc. faz parecer que o obsessivo é o principal responsável pela sustentação do laço social. Isto é, provavelmente, o que qualquer neurótico obsessivo diria de si próprio — que sem o esforço dele, o mundo não andaria nada bem. Que ele se martiriza (como isto é comum entre as mães e esposas obsessivas!) para que as coisas funcionem.

Só que, por não admitir a morte do pai (ou a falta no Outro, ou a simbolização da castração, ou como mais quiserem que isto se chame), o obsessivo nunca está onde se produz o laço social: entre os seus semelhantes. O obsessivo é aquele que se coloca num lugar de exceção entre os irmãos, lugar que para Freud algum dia correspondeu ao "queridinho da mamãe" — aquele que já sabe o que é gozar além do permitido. Lugar que, a partir da escolha de neurose (e para isto mesmo a neurose é convocada), desloca-se de junto à mãe para o lado do pai — fundamental para garanti-lo contra a ameaça de uma psicose, caso fosse tomado como objeto do desejo materno. Assim, o obsessivo é, dentre os irmãos, aquele que se recusa a tapear o pai; o que tenta levar o pai a sério, e denuncia os blefes criativos e vitais da fratria. O que não sabe brincar. O que está sempre sozinho, e tenta dar de ombros com desdém: "Eu não preciso...". Mas como a relação apaixonada do obsessivo com o pai é carregada de ambivalência, em seu isolamento ele se vê torturado pelas violentas moções de transgressão que lhe perseguem, efeitos do desejo inconsciente, e que se manifestam — aumentando a tortura — aliadas a interdições igualmente violentas.

Até que, no consultório, venha se queixar da suspeita angustiante de que, também no caso dele, o blefe é inevitável. Ele blefa, sabe? Não, disso ele não é capaz; com o saber, o obsessivo quer ir às últimas consequências. Seu tormento é maior, e as depressões na neurose obsessiva (em nada parecidas com o gozo autotorturante da melancolia), depressões silenciosas, profundas, avassaladoras, que podem se confundir, na crise, com quadros depressivos psiquiátricos, vêm dar notícias disto. Do momento em que o obsessivo percebe, horrorizado, que ele blefa que *é*.

"Nostálgico do ser", na expressão de Joel Dör: por efeito do superinvestimento materno o obsessivo aposta tudo na recuperação de seu lugar de exceção, agora junto ao pai — esse suposto conhecedor do desejo da mãe; esse que, por essa mesma razão, o filho confunde com a própria encarnação da Lei. Desse lugar, acredita prescindir absolutamente do outro. Estou me referindo ao outro com minúsculas mesmo. O outro como o semelhante, o que nos pode nomear, apelidar, designar, e com isso garantir a manutenção, ao longo da vida, de alguma nitidez no conjunto das identificações, de modo a fornecer algum contorno ao vazio do ser. Apartado da fratria, quando o ser se revela, cruelmente, um blefe, o obsessivo já não encontra nada para colocar neste lugar. Longe do outro, longe dos jogos de faz-de-conta que jogamos, consentidamente, com o semelhante, longe dos pequenos e variados sinais do reconhecimento de nossa existência que o semelhante nos envia — o que podemos dizer de nós mesmos?

E de nada lhe valeria, antes de um longo e torturante percurso de análise, que o psicanalista lhe respondesse com um pouco de ironia: mas quanto ao "ser ou não ser", meu caro, o que mais se pode fazer além de blefar?

Viva os pais adotivos!

"Obrigado por ter me adotado, mas não vou tomar banho agora!"
"Foi um prazer ter te adotado e você vai tomar banho já!"

Seria a decisão de adotar uma criança mais arriscada do que aquela de ter um filho biológico? Creio que no imaginário social, que não se resume às fantasias do casal que adota — quem não tem algum receio dos "riscos" da adoção? —, a resposta é sim. Não que as mães e os pais "de barriga" não passem por nenhum temor durante a gestação. Fantasias sobre malformações do feto, embora bastante atenuadas com o aperfeiçoamento dos recursos de ultrassonografia, ainda assombram o casal parental. Temores sobre as possíveis heranças genéticas em famílias com casos de psicoses, de depressões, de psicopatias sérias, concorrem com a incerteza sobre a hereditariedade da propensão ao câncer, a anemias e outras doenças cuja transmissão genética ainda nem foi comprovada.

Mas a adoção carrega, com frequência, uma predisposição maior a fantasias catastróficas. Os pais adotivos, leigos no assunto, imaginam que os pais biológicos não o sejam. Ignoram que pais biológicos, ao não se admitirem igualmente leigos diante do recém-nascido, serão capazes de errar tanto ou mais que pais de adoção. Afinal, nada nos predispõe mais ao erro do que a onipotência. "Eu sei o que é melhor para ele/ela. Nasceu de minha barriga! Tem meus genes!" Pais adotivos costumam ser menos pretensiosos. Só por isso já merecem um "Viva!" sincero. Estão dispostos a tomar a seu encargo, moral e afetivo, um serzinho desconhecido. Ora, dirá o leitor: qual o recém-nascido que não chega aos pais como um desconhecido?

Tempo esquisito

Verdade. Só que, no caso dos filhos "de barriga", a fantasia de intimidade com ele, por parte dos pais, é quase onipotente. Além disso, a crença na determinação genética dos traços de caráter, temperamento, inteligência, saúde física e mental promove entre mães e pais biológicos certa confiança de que o bebê haverá de reproduzir suas melhores qualidades — nunca seus piores defeitos e fragilidades. Tal onipotência, embora contribua para a formação do forte vínculo primordial entre a mãe e seu bebê, nem sempre ajuda os pais a acompanharem de forma serena seu crescimento, suas transformações, o surgimento de traços de personalidade com os quais não se identificam. A frase "nem parece meu filho!" — menos incomum do que se supõe — revela a intolerância e a decepção de pais que não se reconhecem na criança e no adolescente que começa a se diferenciar deles. Ou, pior ainda: de suas fantasias. Ponto para os pais adotivos, mais dispostos a se deixar surpreender na medida em que seus rebentos crescem.

Mas para que as razões dessas surpresas não pareçam, aos olhos dos filhos, como provas de desatenção ou desamor dos pais é importante que eles *saibam que são adotados*. Esconder isso de uma criança, a pretexto de querer que ela não se sinta menos *filho* do que um irmão "de barriga", produz ambivalência no vínculo parental e alguma angústia, aparentemente injustificada, em quem cresce sem saber sua verdadeira história.

O filme *El dia en que no nasci* é uma história fictícia que corresponde ao tema das adoções de bebês órfãos de pais assassinados pela repressão, no período das ditaduras que vitimaram vários países da América do Sul. Uma jogadora de vôlei que vive com a família na Alemanha vem participar de um campeonato no Chile. Seu avião faz uma parada em Buenos Aires. No banheiro do aeroporto, a protagonista ouve uma mãe cantarolar para seu bebê enquanto troca suas fraldas. A jovem atleta surpreende-se ao perceber que conhece a canção; de repente, cai em prantos sem entender o porquê. Do orelhão do aeroporto liga para seu pai, na Alemanha: "Eu tive alguma babá sul-americana?". O pai se embaraça. Acaba por revelar a adoção e o nome da família de origem. A atleta desiste do campeonato e parte em busca dos remanescentes da família que, na iminência de ser presa no período do terror militar, entregou o bebê para adoção. Tudo termina bem: os primos daquela família são bacanas, ela se sente bem entre eles. *El día en que no nasci* é um drama, não uma tragédia.

O livro que tenho a honra de apresentar também não se compõe de relatos trágicos, mas não se esquiva de analisar algumas situações dramáticas. Trata-se de uma coletânea de artigos sobre adoção de crianças, publicada por ocasião da comemoração dos vinte anos do Grupo Acesso — Estudos, intervenções e pesquisas sobre adoções, da Clínica Psicanalítica do Sedes Sapientiae.

As crianças que chegam aos psicanalistas do Grupo Acesso já estão, com alguma frequência, traumatizadas. Pela orfandade, pela pobreza, pelo abandono dos pais ou por maus-tratos e violência física; algumas também sofreram a humilhação e o desamor de passar por "devoluções" em tentativas anteriores de adoção, que, segundo a psicanalista Camila Deneno Perez, costumam produzir um novo trauma em quem já está suficientemente machucado pela vida.

A autora narra o episódio em que os pais de um menino de sete anos queixaram-se do comportamento agressivo da criança e de sua recusa em comer nas refeições. Conta que a criança já havia sido "devolvida" em um primeiro processo de adoção. Por um lado, parecia decidida a testar a resiliência desses novos pais. Por outro, sugere a psicanalista, talvez sua recusa a comer no almoço fosse uma forma de proteção, uma vez que, quando a família anterior solicitara que a instituição levasse embora a criança, vieram buscá-la logo depois do almoço.

Imagine o leitor quanto sofrimento existe por trás da ambivalência afetiva das crianças recém-adotadas: a ânsia por um novo lar pode entrar em conflito com a culpa por "abandonar" a mãe — mesmo nos casos em que tenha sido ela a deixar o filho. *Quanto piores são os pais, mais culpados os filhos*, me disse uma vez, em supervisão, o psicanalista Fábio Landa. A hipótese de que seus pais não a amem é tão dolorosa, que a criança prefere acreditar que não tenha merecido seu amor. Mas a culpa, sabemos, não torna o sujeito melhor. Ao contrário: o sentimento inconsciente de culpa produz justamente comportamentos sintomáticos que justificam o abandono ou os maus-tratos dos pais.

Como escreve Cynthia Pater em "Narrar é preciso": "... a criança é, ela mesma, um documento de sua história [...] escrito em linguagem inacessível ou irrepresentada". A adoção exige resiliência por parte dos pais; na hipótese mais otimista, exige que se analisem, para elaborar sua própria ambivalência diante de um filho que não viram nascer; desse que chega ao novo lar trazendo mais marcas de sofrimento do que eles próprios acumularam durante trinta, quarenta anos de vida.

Sandra Ungaretti, em "O pai e o acolhimento institucional", observa justamente essas marcas que definiram o comportamento de um menino diante da família adotiva: na nova casa, o menino continuou a falar da instituição que o abrigava como sua casa; a convicção de ser amado pela mãe biológica produziu, evidentemente, forte resistência por parte do garoto a se apegar aos pais adotivos.

Tempo esquisito

Escolhi citar trechos de capítulos ao acaso, mas deveria citar um pouco de cada ensaio: são todos muito bons.

Termino esta apresentação com uma história que eu mesma presenciei. Um casal de amigos perdeu um filho adolescente. Todos podem imaginar a dor de perder um filho. A cultura não tem nome para isso. Quem perde os pais é órfão/órfã. Quem perde o companheiro é viúvo/viúva. Como chamamos os pais que perderam seus filhos? Não chamamos. É um fato tão aterrador para quem está fora, tão arrasador para quem está dentro, que não tem nome.

Depois de um tempo de luto, decidiram adotar outra criança. Não queriam uma vida sem filhos. A criança adotada tinha sido moradora de rua. Fui visitá-los, quando D., de seis anos, já estava na casa havia quase um ano. As crianças, todos sabem, sempre tentam reanimar seus pais quando estes estão tristes. Elas precisam que estejamos presentes, disponíveis e muito vivos. O empenho do pequeno D. em ser muito, muito legal com seus pais era comovente. Como se soubesse exatamente o que tinha ido fazer naquela casa.

Sabemos que na adolescência D. precisará de alguma terapia para se emancipar do lugar de cuidador de seus pais que atribuiu a si mesmo. Mas pensem bem: nenhuma paternidade vem com instruções de uso. Todos nós, mais dia, menos dia, precisamos de alguma terapia para elaborar a experiência de ser filhos — adotivos ou não.

OUTRAS PUBLICAÇÕES DA BOITEMPO

Como a Europa subdesenvolveu a África
WALTER RODNEY
Tradução de Heci Regina Candiani
Apresentação de Angela Davis
Orelha de Matheus Gato

Imperialismo e questão europeia
DOMENICO LOSURDO
Tradução de Sandor José Ney Rezende
Organização e introdução de Emiliano Alessandroni
Posfácio de Stefano G. Azzarà
Revisão técnica e orelha de Rita Coitinho

O sentido da liberdade e outros diálogos difíceis
ANGELA DAVIS
Tradução de Heci Regina Candiani
Apresentação de Robin D. G. Kelley
Orelha de Zélia Amador de Deus
Quarta capa de Zurema Werneck e Erika Hilton

URSS, um novo mundo e o mundo do socialismo
CAIO PRADO JÚNIOR
Apresentação de Luiz Bernardo Pericás
Orelha de Angelo Segrillo
Quarta capa de Lincoln Secco, Lazar Jeifets e Victor Jeifets

ARSENAL LÊNIN
Conselho editorial Antonio Carlos Mazzeo,
Antonio Rago, Augusto Buonicore,
Ivana Jinkings, Marcos Del Roio, Marly Vianna,
Milton Pinheiro e Slavoj Žižek

Imperialismo, estágio superior do capitalismo
VLADÍMIR ILITCH LÊNIN
Tradução de Edições Avante! e Paula Vaz de Almeida
Prefácio de Marcelo Pereira Fernandes
Orelha de Edmilson Costa
Quarta capa de György Lukács, István Mészáros
e João Quartim de Moraes

ESCRITOS GRAMSCIANOS

Conselho editorial: Alvaro Bianchi, Daniela Mussi, Gianni Fresu, Guido Liguori, Marcos del Roio e Virgínia Fontes

Os líderes e as massas
escritos de 1921 a 1926
ANTONIO GRAMSCI
Seleção e apresentação de **Gianni Fresu**
Tradução de **Carlos Nelson Coutinho e Rita Coitinho**
Leitura crítica de **Marcos del Roio**
Orelha e notas de rodapé de **Luciana Aliaga**

ESTADO DE SÍTIO

Coordenação: Paulo Arantes

Colonialismo digital
DEIVISON FAUSTINO E WALTER LIPPOLD
Prefácio de **Sérgio Amadeu da Silveira**
Orelha de **Tarcízio Silva**

MARX-ENGELS

Resumo de O capital
FRIEDRICH ENGELS
Tradução de **Nélio Schneider e Leila Escorsim Netto** (cartas)
Apresentação de **Lincoln Secco**
Orelha de **Janaína de Faria**

MUNDO DO TRABALHO

Coordenação: Ricardo Antunes
Conselho editorial: Graça Druck, Luci Praun, Marco Aurélio Santana, Murillo van der Laan, Ricardo Festi, Ruy Braga

As origens da sociologia do trabalho
RICARDO FESTI
Orelha de **Sedi Hirano**
Quarta capa de **Liliana Segnini e Ricardo Antunes**

TINTA VERMELHA

Brasil sob escombros: desafios do governo Lula para reconstruir o país
JULIANA PAULA MAGALHÃES E LUIZ FELIPE OSÓRIO (ORGS.)
Artigos de **Adriana M. Amado, Alvaro de Azevedo Gonzaga, Alysson Leandro Mascaro, Anderson Alves Esteves, Armando Boito Jr., Breno Altman, Carlos Eduardo Martins, Cesar Calejon, Felipe Labruna, Flávia Braga Vieira, Francisco Carlos Teixeira da Silva, Gabriela Junqueira Calazans, Gustavo Marinho, João Quartim de Moraes, Leonardo Attuch, Luis Felipe Miguel, Luiz Gonzaga Belluzzo, Maria de Lourdes Rollemberg Mollo, Maria Lygia Quartim de Moraes, Milton Pinheiro, Rafael Valim, Regina Facchini, Ricardo Musse, Sérgio Pereira Leite, Silvio Luiz de Almeida, Sofia Manzano, Valter Pomar, William Martins**
Quarta capa de **Juca Kfouri e Sâmia Bomfim**

ARMAS DA CRÍTICA

O CLUBE DO LIVRO DA **BOITEMPO**

UMA BIBLIOTECA PARA **INTERPRETAR** E **TRANSFORMAR** O MUNDO

Lançamentos antecipados
Receba nossos lançamentos em primeira mão, em versão impressa e digital, sem pagar o frete!

Recebido camarada
Todo mês, uma caixa com um lançamento, um marcador e um brinde. Em duas caixas por ano, as novas edições da *Margem Esquerda*, revista semestral da Boitempo.

Fora da caixa
Além da caixa, a assinatura inclui uma versão digital do livro do mês*, um guia de leitura exclusivo no Blog da Boitempo, um vídeo antecipado na TV Boitempo e 30% de desconto na loja virtual da Boitempo.

Quando começo a receber?
As caixas são entregues na segunda quinzena de cada mês. Para receber a caixa do mês, é necessário assinar até o dia 15!

FAÇA SUA ASSINATURA EM
ARMASDACRITICA.COM.BR

*Para fazer o resgate do e-book, é necessário se cadastrar na loja virtual da Kobo.

Memorial em homenagem às vítimas de covid-19 no Brasil criado pelo Senado Federal em 15 de fevereiro de 2022 (foto de Pedro França/Agência Senado).

Este livro foi publicado em junho de 2023, ano em que o Brasil alcançou o triste marco de 700 mil mortes por covid-19 desde o início da pandemia – muitas perdas que poderiam ter sido evitadas se não houvesse total descaso por parte do governo negacionista de Jair Bolsonaro em relação à vida da população.

Composto em Adobe Garamond Pro, corpo 11/14,4, e impresso em papel Pólen Natural 80 g/m², pela gráfica Rettec para a Boitempo, com tiragem de 3 mil exemplares.